会って、話すこと。

自分のことはしゃべらない。
相手のことも聞き出さない。
人生が変わるシンプルな会話術

田中泰延

ダイヤモンド社

はじめに

# 大阪人の会話に「オチ」と「ツッコミ」はない

《田中泰延》

## そんなバナナ

「それ、バナナちゃうやろ!」

大阪人の会話は、ツッコミがあるからおもしろい。

そう思っている人は多いのではないだろうか。

だれかがたとえば、傘のことを指差して「これバナナちゃう?」と言った時、すかさず否定し、素早く

「あなたは今、目の前の現実とは異なることを言っただろう? 私は知っている。騙されはしない。それはバナナであるはずがない」

と指摘する人のことだ。

「そんなワケないやろ!」

これが、いわゆる「ボケ」に対する「ツッコミ」である。

関西に端を発する会話の形とされており、とりわけ大阪人には、「ボケ役」と「ツッコミ役」が存在しており、さらに言うと、鮮やかにツッコミを入れる技術が有利な人間関係の形成に役立つと思われているきらいがある。

しかし、それはおおきな間違いなのである。

日常会話において「ツッコミ」は不要なのだ。一切不要なのである。そして、大切なのは「ボケ」をかます姿勢、人間が会話をして幸せになる秘訣はそこにある。そのことからゆっくり解き明かしていこうと思う。

## これは会話の本です

わたしは前著として『読みたいことを、書けばいい。』という文章術の本を著したのだが、今回は文章ではなく、話し方の本である。

わたしは、広告代理店での永年の勤務で、多くの人と対話しながら業務を遂行してきたが、『読みたいことを、書けばいい。』が思いがけずたくさんの方に読んでいただいたことを境に、大量のインタビューを受けたり、様々なジャンルの方と対談することになった。それまでの人生とは比べものにならないほど会話に直面したのだ。

そこで気がついたことと、実践によってなにを得たのかを記そうと思う。

会話と、それによって生まれる人間関係。なにより会話によって我々はどのように幸せになれるのか、そんな話を始めたい。

会って、話すこと。

自分のことはしゃべらない。相手のことも聞き出さない。

人生が変わるシンプルな会話術

目次



序章

# なぜ「書く本」の次に「話す本」をつくったのか？

# 第1章 なにを話すか

## 第2章
# どう話すか（とっかかり編）

第3章

# どう話すか（めくるめく編）

## 第4章
# だれと話すか

# 第5章 なぜわたしたちは、会って話をするのか？

序章

# なぜ「書く本」の次に「話す本」をつくったのか？

この本が制作されたのは人類が未知の感染症によって
未曾有の災厄に見舞われているさなかである。

これが書かれているなか、「人と人が会うこと」が困難になり、
顔を合わせて話す機会は激減した。

その中で、会話することの意義と考え方を
問い直す本をつくりたいと思ったのだ。

タイトルは『会って、話すこと。』とした。
会話とは相手があって成り立つものだ。
この本は、今野良介との「共著」である。

## この本は、前の本と密接に関連している

《田中泰延》

この本は『読みたいことを、書けばいい。』と密接に関連している。

なにしろ、書いた人が同じなのだ。

前著は文章術の本だった。わたしは「書いて生活」している立場であり、「書くことのプロ」であり、「書いたもので口に糊している」のであるから、この文章からわかることは同じ意味のことを3回書いた

らくどいということだ。しかも口に糊するというが、わたしは糊など食べたくない。あれは紙をくっつけるときだけに使いたい。

いま、本書を手に取って、この文字を読んでくださっているあなたの世界は、どうなっているのだろうか。

本来なら、わたしは『読みたいことを、書けばいい。』に続いて、『読みたいことを、書けばいい。エピソード5　帝国の逆襲』を上梓する予定だった。

しかし、この本を制作しているさなかに人類は未知の感染症によって未曾有の災厄に見舞われてしまった。同時に執筆中だった『読みたいことを、書けばいい。　怒りのアフガン』、『読みたいことを、書けばいい。　最後の聖戦』、『読みたいことを、書けばいい。　ファイナルウォーズ』などの原稿はすべて破棄された。世の中、それどころじゃないのである。

不幸にもこの病気に罹患し、亡くなられた方々に哀悼の意を捧げる。世界が平穏な日常を取り戻すことを願うが、そんな世界で、「人が人と会うこと」は困難になり、顔を突き合わせて話す機会は激減した。

しかしわたしたちは、人と会えない現実を嘆く。人と話せない毎日を悲しむ。なぜだろう。そこで、あらためて会話することの意義と、臨み方、考え方を問い直す本をつくりたいと思ったのだ。

会話とはなにか。辞書を引くと「二人あるいは小人数で、向かいあって話しあうこと。また、その話。」（『広辞苑』第七版）、「〔日常生活において〕意志の疎通を図ったり用を足したりするための話のやりとり。」（『新明解国語辞典』第八版）などと定義が書いてある。

要は、生活の中でだれでもやっていることが会話なのだが、その会話をどのように進めればいいのか、話し方をどうすればよいのか、悩んでいる人が多い。

わたしもこれまでの人生を、悩みながら他人と会話してきたのだが、いわゆる「会話術」の本にあるような「相手の話をよく聞きましょう」「相手の立場になりましょう」「いいタイミングで相槌を打ちましょう」「相手の言葉を反復しましょう」などといったテクニックでは、結局、うまくいかなかった。

そこで、結局『読みたいことを、書けばいい。』で伝えたかった、文章を書く時の最初にして最後の心構え**「正直であること」**が、会話においても同じように重要ではないかという考えに至った。

辞書にあるように、会話が「向かい合って話し合うこと」であるならば、向かい合った相手に対して、正直でいたほうがいい。それは誠実に接するということだ。

興味もないのに相手の話を聞くふりをしたり、聞いてもいないのに相槌を打ったり、理解してもいないのに相手の言葉を反復したり、そんな会話術が人間同士が正直に向かい合う態度といえるだろうか。

あるいは、興味本位に相手に根掘り葉掘り質問を浴びせたり、自分を理解させたくて心の内面を相手にぶちまける、そんな姿勢が向かい合う二人を幸せにするだろうか。

また、上手な世渡りのために相手を持ち上げたり、自分の利益のために相手に「イエス」と言わせる、そんなテクニックが誠実だと言えるだろうか。

本書は、毎日の会話の中で、こんなことに苦しんでいる人に読んでもらいたい。

- **自分のことをわかってもらおうとして苦しんでいる人**
- **他人のことをわかろうとして苦しんでいる人**
- **他人を説得したいと思って苦しんでいる人**
- **他人を思い通りに動かしたいと思って苦しんでいる人**
- **他人にもっと好かれたいと思って苦しんでいる人**
- **会話でもっと学びを得たいと思って苦しんでいる人**
- **会話でもっと笑いたいと思って苦しんでいる人**

我々は、なぜ人と会い、話すのか。これは「会話」を問い直し、取り戻すための本だ。

言うまでもないが、会話は一直線に進むものではない。行きつ戻りつするものである。本書も、どこからでも開いて、たまたま目にした章が、あなたの気を楽にする助けになれば幸いである。

もとより、会話の話をひとりでするということ自体に矛盾がある。会話は向かい合ってなされるもので、会話の本それ自体が、ダイアローグによってつくられることは必然である。

ダイアローグとは「対話」を意味する。アメリカの物理学者デヴィッド・ボームが、著書『ダイアローグ　対立から共生へ、議論から対話へ』（金井真弓・訳／英治出版）のなかでこう述べている。「対話では、話し手のどちらも、自分がすでに知っているアイデアや情報を共有しようとはしない。むしろ、二人の人間が何かを協力して作ると言ったほうがいいだろう。つまり、新たなものを一緒に創造するということだ」

そのダイアローグの相手は、前著『読みたいことを、書けばいい。』の編集者であり、わたしと対話を重ねて本をつくってきた今野良介、その人以外にはないと思う。

今野さん、今野さん、前の本ではわたしに盛大に手紙を晒されましたが、今回はご自身で盛大に口上を述べてもらいましょう。どうぞ。

## おじさん同士の会話に、だれが興味あるのか

### 《今野良介》

今野良介と申します。編集者です。

編集者の仕事とは何か、あまり知られていないようです。編集者は企画を立てます。著者と出会います。企画を通します。著者に原稿を書いてもらいます。待つ。待つ。待つ待つ待つ。ひたすら待つと原稿が届きます。タイトルとデザインと価格を決めて、本が書店に並びます。本の感想を待ちます。好意的な感想だったら喜び、そうでない感

想だったら悲しいですけど受け止めます。そうやって本をつくって売ってもらうことで、ご飯を食べているのが編集者です。

ところが、「編集者をしています」というと、しばしば「本を書いているんですか？」と聞かれます。書いてません。書くことだけはしないのが編集者です。

だのに、なんだと言うのか。51歳のおじさんと、わたしこと完全無欠の無名さを誇る37歳のおじさんの会話を誰が読みたいと思うのか。敬愛するaikoというシンガーソングライターも最初は無名だった。それだけを心の支えに、これを書いています。

インターネットがなかった世界のことを、思い出せるでしょうか。

わたしは学生の頃にインターネットを使い始めたから、思い出すことができます。でも、デジタルネイティブなどと呼ばれる若い世代の人々は、思い出せないでしょう。生まれた時からあったから。それがあるのはあたりまえだから。あたりまえになったことは、改めて考える機会も、その意味もない気がするから。

でも、この数年わたしたちが直面しているのは、あたりまえのことが、あたりまえでなくなった世界です。人と、会って、話すという、誰が発明した技術でもない、遠い昔から疑いようもないほどあたりまえだった「会話」が、できなくなった。少なくとも激減した。それは、あたりまえだったことが自分になにをもたらすものだったのかを、ゼロベースで考え直せる機会になると思うのです。

編集者の仕事の全体像をザッと書きましたが、ひとつ書いていないことがあります。なにかとなにかの「あいだ」を見ている、ということです。わたしは、新しい発見、おもしろい出来事、大切なものは、いつも「あいだ」にあると思っています。著者と読者のあいだ、ジャンルとジャンルのあいだ、社会と本のあいだ、冷静と情熱のあいだ、股間、行間、人間。本の中に編集者が登場する禁じ手をわたしが引き受けたのは、会話で生まれる、人と人との「あいだ」をこじ開けるためです。「わたしとあなたのあいだ」になにが生まれるのかを、知りたかったからです。

わたしは2019年に田中泰延さんと『読みたいことを、書けばいい。』という本をつくりました。彼は著者であり、わたしは編集者で、利害関係でつながっているビジネスパートナーです。仕事以外のことを話す必要はない。ないのに、仕事にならないことを、行き先のないトピックを、冷静になれば時間のムダとしか思えないような話を、誰に強制されるわけでもなく散々交わしてきました。

わたしは田中泰延という人を、よく知りません。ほんとうに、ほとんど何も知らないのです。ちょっと失礼だとも思いますが、畏敬や崇拝もしていない。もちろん嫌いではないけれど、全力で恋焦がれているかと言われたらそうでもない。でも、彼との関係に自分から終止符を打つことを避け続けてきました。会って、話すことを、やめませんでした。目的も結論も打算もなく、ただ横に並んで話をしたり、言葉すら交わさない時間をともにしてきました。そこに、なにか「会話」において大切なことが隠れている気がするのです。

ひょっとして、これを読んでいるあなたにも、大切な人がいるのではないでしょうか。その人とあなたは、なにを交わしてきたのか。その人と、これからどうなりたいのか。その人はなぜ、あなたにとって大切なのか。

どうか、知らないおじさんふたりの会話から、それを思い出してください。そして、会って話すことが、あなたをどう形作ってきたのか、その実感を、手触りを、取り戻していただくことを願っています。

第1章

# なにを話すか

先日、近所のスーパーへ行ったら、高齢の女性同士が、カートを押す手を止めて、熱心に立ち話をしていた。

何をそんなに話しているのだろうと聞き耳を立てたら、それぞれが「膝が痛い」「血圧が180」「薬を替えた」「医者の先生の態度が悪い」など、お互いがお互いの病気自慢をかわりばんこにやっていた。

あれ、お互いの話は聞いているのだろうか？

お互いの病状を把握しているだろうか？

なぜ、ふたりはそんなに熱心に話しあうのだろうか？

ダイアローグ1

# 「わたしの話、聞いてます？」

《田中泰延×今野良介》

**今野良介**　田中さん、こんにちは。お久しぶりです。

**田中泰延**　今野さん、こんにちは。こうして喫茶店でお会いするなんて、いつぶりですかね。

**今野**　はい。こうしてお呼び立てしたのには、理由があるんです。

**田中**　本を作るためでしょ。

**今野**　違うんです。最近、わたしには悩みがあります。

**田中**　マーティン・ルーサー・キング・ジュニアですね。

**今野**　「わたしには夢がある」。違います。悩みです。田中さんにこそ聞いていただきたい、真剣な悩みなんです。

**田中**　深刻ですね。どうされたんですか？

**今野**　じつは、わたしスキンヘッドなんですね。

**田中**　今野さん、見ればわかります。

**今野**　読者はわからないじゃないですか。

**田中**　頭部に皮膚以外なにもない状況です。

**今野**　父方の家系に薄毛が多いんですよ。

**田中**　ああ、なるほど。お父さんの家系が。

**今野**　親父もツルッパゲですし、祖父も、写真を見る限り綺麗に禿げ上がっていました。

**田中**　おじいさんも。直系ですね。

**今野**　わたしにもいずれその時が来ると覚悟し、毛髪に関してやりたいことは、若いうちにすべて済ませました。

**田中**　ほう。どんなことをなさったんですか。

**店員**　お客様、ご注文は何になさいますか?

**田中**　あ、ぼくはブレンドにします。

**今野**　アイスコーヒーお願いします。

**店員**　かしこまりました。

**田中**　……それで？

**今野**　色も染めたし、当時「モテ」のアイコンだった木村拓哉のピンパーマも、ツイストパーマもかけました。

**田中**　ツイストパーマ。まったく想像できないですね。というかどんな髪型も想像できない。逆に言えば、どんな髪型でも想像できる。

**今野**　やがて必然的にわたしの毛髪は失われ、徐々に禿げ上がっていく切なさをショートカットするために、自ら髪を剃りました。

**田中**　ショートカットと言うにはショートすぎませんか。

**今野**　たしかに少しややこしかったことは認めます。

**田中**　とにかく、出家したのですね。

**今野**　いえ、仏門には入っていません。あえて言えば出毛（け）ですね。

**田中**　世を離（か）ったと。

**今野**　毛を刈ったんです。

**田中**　聞いてます。つまり、スキンヘッドにしたことを後悔なさっているわけですよね。ぼくにお答えできるかどうかが不安で。

**今野**　いえ、わたしは自意識が消えてラクになりました。

**田中**　なんやと。

**今野**　後悔の「こ」の字もありません。

**田中**　今までの話なんやったんや！　センシティブな話やろと気ぃつこて聞いてたんやぞ！

**今野**　いえ、必要な前情報です。わたしはもうハゲだのスキンヘッドなどは、どうも思っていない。

**田中**　なんやねん。

**今野**　しかし、わたしの子どもに対して、保育園の同級生たちが、「お父さんツルッパゲだね」とからかうのです。天津飯だの、お坊さんだの、アベンジャーズだのやかましく言ってきて。

**田中**　ああ、お子さんの話かいな。小さい子どもは遠慮がないですからね。アベンジャーズ、ええやないの。

**今野**　よくありません。ひっぱたいてどやしてやりたいですが、そんなわけにもいかない時代です。それよりもわたしが悩んでいるのは、今まであたりまえだと思っていたお父さんの髪型が、ほかのお父さんとめちゃくちゃ違った。そして、それを同級生からからかわれている、子どもの心境です。

**田中**　なるほど。それでいうとね、さっきぼく、家を出るときにゴミを捨てたんです。

**今野**　え？　あ、はい。

**田中**　そしたら、生ゴミとペットボトルを両方集積所に持っていくのを、たまたまそこにいたビルの管理人さんに見られたんですよ。

**今野**　はあ。収集日が違ったということですか？

**田中**　そう。「一緒に持ってきちゃダメですよ」と叱られました。

**今野**　そうなんですね。……いや、すいません。それは、わたしの悩みと何か関係があるのですか？

**田中**　ショックを受けました。まだ住み始めて間もないのに、いきなり管理人さんに目をつけられたんですから。

**今野**　いや、ですから。それは、さっきのわたしの話の登場人物の誰かに感情移入している、ということですか？

**田中**　スキンヘッドの今野さんに注意されたら、保育園児は怖いだろうなと。ショックを受けるだろうなと。

**今野**　ああ、子どもの同級生の気持ちになったのですね。でも聞いているのはそこではなくて、わたしがどうすればいいか、です。

**田中**　知らんがな。

**今野**　……なんですって？

**田中**　知らんて。わからんもん。今野さんが芋を食べて、ぼくから屁は出ないでしょ。今野さんの気持ちなんてわかりようがないですよ。

**今野**　よくそんなことが言えますね。わたしが誰にも言えない話を打ち明けているのに。田中さん、少しでもスキンヘッダーの気持ちや苦労を考えたことがあるんですか？

**田中**　ないわ。見ればわかるやろ。ワシ剛毛やぞ。月1回美容室で髪梳かんと大変なんや。スキンヘッドの人の気持ちなんか考える余裕ないわ。人見て話せぇや。

**今野** あなたは、冷たい人だ。

**田中** 死んでへんわ！ 失礼やろ。

**今野** 失礼なのはあなただ。ふざけてばっかりで。まったく。話さなければよかった。

**田中** なんや、ワシなりに聞いてしゃべったのに……。今野さんかて、ワシのゴミの話に興味持ってくれたか？ すぐ切っとったやないか。

**今野** ……。

**田中** 見てみぃな。自分の話ばっかしてからに。

**店員** たいへんお待たせいたしました。ブレンドコーヒーをご注文のお客様。はい。どうぞ。そしてこちら、アイスコーヒーになります。

**今野** どうも。……あ。

**田中** なんや。

**今野** 見てください。わたしのインターネット広告に、よく薄毛治療の宣伝が入ってくるんですけどね。これ。「生やすか、ハゲるか」。もうハゲてるっつーの。毎回イライラします。

**田中** 今野さん、わかる。ぼくにもきますよ。肥満に悩む人向けの広告が。「飲めばどっさり脂肪便、一日驚異の4kg減！」みたいの毎日くる。

**今野** 4kgって。ボクサーの減量レベルじゃないですか。

**田中** 競走馬ですよ。

**今野** あ、馬といえばね、人が馬に乗っていた時代に、チョンマゲってありましたよね。昔は、ハゲって今よりもカッコいいものだったたんじゃないでしょうか。武田信玄とか上杉謙信も、スキンヘッドだったとされてますよね。

**田中**　それ言うたら今だってね、ショーン・コネリーとかジャン・レノとか、渡辺謙も竹中直人も、写真家のアラーキーとかね、カッコいいとされているハゲはたくさんいるじゃないですか。

**今野**　たしかにそうですね。何がカッコいいと思わせるんだろう。

**田中**　ハゲかどうかではなくって、俳優やコメディアンや写真家という本業で実績を積んで、すごい人だという認識がみんなにあるから、カッコよく見えるんじゃないですか。

**今野**　そうか。街中で渡辺謙を見かけたら、「ハゲだ」じゃなくて「渡辺謙だ！」となりますね。

**田中**　今野さん、グラス、カラですよ。もう一杯注文しましょか。

**今野**　そうですね。すみませーん！　追加お願いしまーす！

**店員**　あ、はい、すみません、もう少々お待ちいただいても大丈夫でしょうか？

**今野**　はーい。

**田中**　……今野さん、いま、聞きました？

**今野**　え？

**田中**　「すみません、もう少々、お待ちいただいても、大丈夫でしょうか？」

**今野**　たしかに。へりくだり方がすごい。

**田中**　大丈夫じゃなかった場合はどうなるのかと。

**今野**　不機嫌を露わにしながらも、きてくれるんじゃないでしょうか。

**田中**　それよりも、あれはどこまで行くのかと。

**今野**　敬語は一部でどんどん過剰になっていく傾向がありますね。

**田中**　「すみません、少々お待ちいただくことをご了承願う気持ちもありながら、それをご承諾いただくことは可能だったりしますでしょうか？」

**今野**　もはや何を願っているのかわからない。

**田中**　最近、初対面でオンライン打ち合わせ、というケースも増えてきたんですけども、相手にものすごい敬語を使ってこられると、困ってしまうことがあります。

**今野**　距離感がつかみにくいですよね。そうだ、zoomで困るといえばね。

**田中**　MAZDA Zoom-Zoom スタジアム広島。

**今野**　知り合いにお坊さんがいるんですけど、お坊さん同士でオンライン会議をやると、誰が誰だかわからなくなって困るらしいんですよ。

**田中** たしかに！　見た目で判断がつきにくい！

**今野** わたしがそこに入ったらどうなるのかと。

**田中** 混乱が増すだけです。

**今野** 間違いない。

**田中** ぐははは！

**今野** ……田中さん。

**田中** はっはっはっは……はい？

**今野** わたしたち、なんの話をしてたんでしたっけ？

なにを話すか　その1

# 相手はあなたに興味がない

この本は正直な本だ。ありていに書いてしまおう。そもそも、「次は会話の本をつくりませんか」と言ってきたのは今野良介だった。

みんなどう話していいのか悩んでいるのです。会話術の本には需要があります。前に一緒につくった文章術の本より市場は大きいのです。田中さんの話し方にはその答えがあります。田中さんは天才です。田中さんは偉大です。田中さんは地球始皇帝に即位すべきです。田中さんは松坂桃李に似ています。

そんな本当のことばかり言われると書かざるを得ない。わたしは書店へ行き、【会話術】のコーナーをのぞいてみた。

あるわ。あるわ。話し方の本というのはこんなにあるものなのか。しかも、【100万部突破！】【70万部突破！】……とんでもない発行部数を誇るベストセラーばかりだ。こんなに売れている本があるなら、わたしが出る幕などないのではないか、と手始めに軽く40冊ほど買って帰宅した。

するとどの本にも**「聞き方が大事」「相手の言っている内容を理解する」「話を聞いていることを相手に伝える」「何言ってるかわからなくても頑張る」「別に知りたくなくても必死で質問しろ」**などと判で突いたように書いてある。そういう判子が売っていて突いているのかもしれない。

わたしは考えた。他人の話を聞くということは、ここまで注意されて訓練を積まなければできないことなのだ。これは、**「結局、人間は他人の話を聞きたくない」**ということではないか。スーパーマーケットで見かけた高齢者同士は、会話しているように見えて、まったくお互いの話を聞いていなかった。ならば、多くの会話術の本と、わたしの発想は逆になる。

**わたしの話を聞いてもらわなければならない**
**あなたの話を聞かなければならない**

最初に、その2つの考えを捨てたら楽になる。そしてそれこそ、わたしが会話において、ずっと意識してきたことなのだ。

なにを話すか　その2

# あなたも相手に興味はない

前の本を出して、書店でのサイン会なども多く開催した。ありがたいことに、わたしの名前だけではなく、お客さんが「わたしの名前も書いてください」と、サインを求めてくださる。わたしは「あなたの名前まで入れてしまったら、ブックオフやメルカリで売れませんよ」と激しく警告しながら御芳名を書かせていただくのだが、その際に多いのは、突然の人生相談である。

「田中さん、聞いてください。わたしは小学校2年生の時にいじめに遭いました。その時から文章を書くのが苦手になり……」

待ってくれ。初対面だろう。それよりお名前の漢字をもう一度教えていただきたい。いや、大事な相談をわたしにもちかけてくださることは光栄だ。それも小学校2年からなら、おそらくお客さん、見た目から言ってもう50年ほど悩んでいるわけですか、いえ、40年です。なんとそれは失礼しました、見た目より若いですね、あら、ありがとうございます、いえ、ほめてません、などと要らぬ会話をしてしまいそうになるが、ぐっとこらえる。

そんな大河ドラマは話してくれなくていい。40年前どころか、あなたがお昼に何を食べたかすらわたしは別に知りたくない。なんならわたしが食べた昼ごはんの話をしましょうか。聞きたくないでしょう。

人は、お互いに、他人のストーリーを、バックグラウンドを、想い出を、歴史を、悩みを、事情を、そんなにすぐには聞きたくないのである。いや、ずっとあとでも聞きたくないことがほとんどである。

そこを早い段階で話そうとするから、会話は失敗する。相手はあからさまに拒絶したりはしないだろうが、鬱陶しさメーターというものが発明されたら、針は振り切っているはずだ。

**ほとんどの人が会うなり自分の事情を話し始める。**しかし、会話が上手な人、モテる人、人望のある人、お金持ちの人、話をよく聞いてみてほしい。そういう人は、「この人、自分の事情ってないのだろうか？」と思うような話題で会話をスタートさせている。

では、いったいその話題とは、なんなのだろうか。

なにを話すか　その3

# わたしのことではなく、あなたのことでもなく、「外部のこと」を話そう

数多（あまた）ある「会話術」の本には、

【ここがポイント！　相手の話に興味があることを示すためにオーバーアクションで伝えよう】

などと書いてある。そんなオーバーアクションは『新婚さんいらっしゃい！』で新郎新婦がなにか言うたびに椅子から落ちる桂文枝師匠だけで十分ではないだろうか。

あの番組を注意深く観ていると、文枝師匠は最初から椅子に半分しか尻を乗せず、転げ落ちる準備にぬかりないことが確認できる。だがあなたはそんな、椅子に半分しか座れない人生を送りたいだろうか。

「あなたの言うことを尊重して、漏らさず聞いて、感心しますよ、なぜならばそうすればわたしはあなたの理解者という態度を示せ、あなたから利益を引き出せるかもしれないからです」。そんな心構えで生きている人がさわやかだろうか。さわやかは静岡のハンバーグでたくさんだ。

また、「わたしはあなたの話を聞きますから、あなたには交換条件としてわたしの話を聞く義務がありますし、なんなら場合によってはわたしの困難な事情に介入して協力助力尽力してもらえると助かるわけですから今から話します」などと考える人には、そもそも話しかけられたくない。

では、どうするか。結論は明快である。**「相手のことも、自分のことも、話さない」**のである。

えっ、会話って、「相手をよく知り、自分をよく知ってもらうためにする」ものではないの？　じつは、その考えこそが、あなたを苦しめる原因なのである。

会話は、あなたにとっても、わたしにとっても、「外にあること」を話すためにある。しかしその話題は、日本の政治の問題点や、どうすれば世界経済を成長させられるかといった「外のこと」ではない。それでは、会話ではなく「議論」になってしまう。二人で朝まで生テレビる必要はまったくない。「どちらが正しいか」の議論になってしまうと、人は罵り合ったり、喧嘩になることすらある。

ある意味、**「どうでもいいことを話す」**。これこそが会話する理由である。二人が向かい合って話すと、どうしても話題は相手か、自分にまつわることだ。それは苦痛だったり、喧嘩に発展したり、最終的には二人が決裂する原因になる可能性がある。

二人が向かい合うのをしばしやめて、窓があったら外に目をやってみよう。花が咲いているかもしれないし、雲が浮かんでいるかもしれない。二人が同じものを見て、「今日の雲は大きいですね」と確認し合うこと、これ以上の「共感」はない。

しかし、雲ばかり見ていてもすぐ話が終わる。次に、その共感を会話として続けていくための方法を語ろう。

なにを話すか　その4

# 「おもしろい会話」のベースは「知識」にある

さて、あなたは椅子から落ちるのをやめ、なんとか相手が身の上話を始めることをさえぎった。また、あなた自身が小学生時代に受けたトラウマが原因で肥満に陥りわけのわからない健康食品をリボ払いで購入してしまい利息の過払いで法律事務所に相談しているという重すぎる事情を初対面の人にいきなり押し付けるのを踏みとどまり、二人で窓の外を見上げた。夏空に大きな雲が出ている。

「今日の雲は大きいですね」

「大きいですね」

「……」

「……」

**「ところで、リボ払いって利用されたことあります?」**

なぜそこへ戻る。話が続かないからといってすぐそこへ行こうとしてはいけない。

よく「雑談」というが、相手にとってはあなたの問わず語りや、むやみやたらな質問は「雑音」なのである。

しかし、お互いの身の上話を開陳しないように、せっかく窓の外を眺めたのに、ただ見たことを情景描写したのではたしかに話は続かない。どうすれば話が続くのか。これこそこの本のだいじなところだ。

会話のベースは、「知識」にあるのだ。

大きな雲を見て「大きな雲が出ていますね」と言えば、小さな共感は発生するかもしれない。悪いことではないが、それで終わりである。

大した知識でなくていい。「あれ、入道雲っていうじゃないですか。入道って、お坊さんとか、坊主頭のことなんですよね」でもいい。「あれ、入道雲っていうじゃないですか。学術的には、雄大積雲って言って、上の方は1万メートル超えるんですってね」でもいい。

**ちょっとした「知っていること」を言えばいい**のだ。相手を感心させようとか、知識をひけらかそうというのではない。それに応じて相手がもし、さらに「知っていること」を重ねれば、そこから話は転がっていく。何か知ってることを話そう。何も知らなければ、その場でスマホで「大きな雲」と入れて調べてもいい。もし、「へぇ。

そうなんですね」と言われて話が終わっても、リボ払いの話よりはよほどいい。

なぜ人は勉強する必要があるのか？

それは世の中の**「おもしろい会話」「楽しく盛り上がる話」のほとんどが「知識」をベースにしている**からである。

だから「知らないと何もおもしろくないし、楽しそうな会話に入れない」のである。

それ以外のおもしろい話など、もうウンコとおっぱいの話しかないのである。

コロナ禍の世界では、交際している恋仲の2人もなかなか会えない状況が続いたわけだが、会えない時に話が弾むことこそ知性と教養なのだと、世界中の人類が痛感したのではないだろうか。

「学校で習ったこととか、本を読むことなんて、なんの役に立つんだ」という人は多いが、あなたと他人が話をするときのためにあったのだ。

## 会話術コラム❶

# とにかく話が飛ぶ浅生鴨さん

わたしは常日頃、「ボケにはボケを重ねなさい。ツッコミなんてするな」と言っている。しかし、そんなわたしが思わず常識人の立場でツッコミを入れてしまう人がいる。作家の浅生鴨氏である。わたしたちは日常会話の中で、急に社会に対する正義を振りかざしたり、実際のところよくわからないくせに政治への批判を叫ぶときがある。そんな状態を敏感に察知した鴨さんが、すかさず発動する。

**「そんなことより、会津の辛味噌って馬刺しに合うんですよ！」**

友人の間では、この突然に話を別のところに持っていってしまう話術を「鴨さんが別室に行ってしまう」と呼んでいる。あまりの突拍子のなさに「今そんな話してないやろ！」とツッコミを入れてしまうが、鴨さんはおかまいなしに続ける。

**「まさにそこなんですよ。会津の辛味噌がなぜ九州の馬刺しと出会ったのか、そのルートを考えているんです」**

別室の破壊力おそるべし。本当に何言ってるかわからない。ばかなのだろうか。そんなわけはない。彼はプロの小説家である。現実世界に異形の何かを埋め込み、そしてわざわざ掘り返す職業である。そういう意味では、常に「ここにはない何か」「ここではない何か」を会話に埋め込もうとしているのだ。それは、何も知らないのに偉そうなことを言って現実を片づけようとするわたしたちへの異議申し立てである。

そして、浅生鴨さんのすごいところは「ばかと思われたまま家に帰ること」である。「なーんちゃって」とか「いまのは冗談です」などとリカバーしようとしない。だが、人はボケ倒したまま帰宅する浅生鴨さんのことを決してばかとは思わない。自分でボケておいて、「自分はそんな無関係な話をするほどばかじゃないことを補足しておくね」などと予防線を張る人のことを、人はばかだと思うのである。

わたしたち友人は浅生鴨さんの教養と、優しい人間性を知っている。だからこそ、偉そうに現実を片づけず、わけのわからない話をする彼の知性を信じるのである。

第2章

# どう話すか
# （とっかかり編）

「富士山へ行ったんだけど」「静岡県ですか?」

人が何か言ったら毎回こんな確認をする人がいる。

「田中さん、超ウケる!」

人が何か言ったら、毎回こう言って喜ぶ人がいる。

「オチはなんなんだよ?」

人が何か言ったら、毎回娯楽を要求する人がいる。

「要するにどういうことですか?」

人が何か言ったら、毎回効能を求める人がいる。

「言わんでいいこと」があなたの人生をめちゃくちゃにしている。

「言わんでいいこと」とはなんだろうか。

ダイアローグ2

# 「ちがうやろ！」

《田中泰延×今野良介》

**今野良介**　田中さん、第1章のご高説ありがとうございました。

**田中泰延**　なんか引っかかる言い方やな。

**今野**　他意はありません。でも納得いかないところがあります。

**田中**　あるんやないか。

**今野**　自分語りする人がうっとうしいのはわかります。でも、相手の話を聞くことまで疑問視しているのがよくわからない。数ある会話本でも、頻繁に「傾聴」が説かれます。相手の話に耳を傾け、しっかり聞くことで信頼関係が生まれる、と。それが間違いだっていうんですか？

**店員**　いらっしゃいませ！　当店にお越しいただきありがとうございます！　まずは飲み物、いかがしましょう！

**今野**　あ、えっとぼくは生ビール。

**田中**　わたしはこの「森のハイボール」お願いします。

**店員**　よろこんで！

**田中**　今野さん。あなた恋愛のご経験は。

**今野**　は？　なんですか突然。ありますけど。最初に好きになったのは平松さん。次は田上さんでその次は鈴木さん。最初に付き合ったのは柳井さんですね。どの話をすればいいですか？

**田中**　聞いてません。問わず語りはあかんと言うたはずです。

**今野**　いま完全に問うたでしょうが！

**田中**　詳しい話はいらんのや。あるならわかるでしょう。交際は、ある種の契約ですよね。付き合う二人が契約を交わす。

**今野**　まあ、最初に言いますね。「付き合ってください」と。

**田中**　よろこんで！

**今野**　やかましいわ。

**田中**　その契約の内容は、基本的に「私はあなたの事情を聞きますよ。だからあなたも私の話を聞いてね」というものでしょう。

**今野**　そうは言わないですけど、まあ、付き合っている二人は他人には言えない話をたくさんしますね。いろんな話をしながら親密になっていくわけですから。というか恋愛関係なんてそれこそ、自分の話をして相手の話を聞く関係の最たるものじゃないですか。

**田中**　違うんです。よく思い出してください。本当にそんな話ばかりしていますか？

**今野**　わたしの鉄板ネタは山の中で熊に遭って死にそうになった話ですね。あと煙突が嫌いなこと。そして好きな歌手をどのタイミングで伝えるかを見極めるのが難しくていつも悩ん

**田中**　知らんて。いらん話で紙面割かんと。

**今野**　……。

**田中**　そういう話を散々するのは、お互いのことを知ろうとするのは、付き合う前でしょう。いざ契約を交わした後は、「どうでもいい話」をするでしょう。仕事の愚痴とか、駅前でケンカしてる酔っ払いのこととか、旅行先どこにしようとか、天気とか。「お互いの込み入った事情を聞き合いましょう」という契約を交わすことで、「その後はどうでもいい話をしていいことになる」んです。

**今野**　まあ、どうでもいい話は誰とでもするわけじゃないですね。

**田中**　そうなんです。どうでもいい人と、どうでもいい話はしないいんです。付き合いたいとか好きだとか気心知れた友人とか、大切な人と、どうでもいい話をするんです。

**今野**　いや、でも待ってくださいよ。そういう関係を築きたいから相手の話を聞いたり自分の話をするわけでしょう。「本気の仕事は恋愛だと思え」とかって言われるじゃないですか。

**田中**　あなたは浮気の常習者ですか。一夫多妻制主義者ですか。

**今野**　訴えますよ。家族もこの本を見る可能性があるんです。

**田中**　だれが仕事相手みんなと恋愛したいんですか。恋人の話を聞くのは、お互いに興味を持って、好きになったからでしょう。好きになってもいない、本当は興味もない相手の話を傾聴するなんて、苦痛じゃありませんか。やりたくないことを、我慢してやってるわけじゃないですか。

**今野**　……。

**店員**　…お待たせしました！　はい、生！　こちら森！

田中　はいどーも。わたしは、相手の話を聞いたり自分の話をするのが悪いと言ってるわけじゃないんです。ただ「傾聴すれば信頼関係を築ける」とか、まず自分から労力を払えば相手も同じだけ自分に興味を持ってくれるという前提が、間違っていると思うんです。

今野　ギブアンドテイクの考え方を否定するんですか。

田中　それですよ。会話はギブアンドテイクじゃない。聞いてあげたら、自分にもしゃべる権利がうまれる。聞けば「貸し」ができる。次はこっちの話をさせてもらえる。そんなわけがない。

今野　カラオケみたいですね。みんなでカラオケ行くとそうなるじゃないですか。あいつの曲聞いたら次は俺が歌う番、っていう。

田中　それでいうなら、みんなヘタじゃないですか。

今野　え？

**田中**　みんな、だれかのプロ並みの美声を聞きに行くわけじゃなくて、自分が歌いたいからカラオケに行ってるわけでしょう。

**今野**　まあ、基本的には。

**田中**　つまり、多くの人は、本当は自分が相手に興味を持っていなくて、自分も相手に興味を持たれていないという現実を直視したくないんだと思います。会話はギブアンドテイクでもウィンウィンでもゼロサムゲームでもない。ましてや勝ち負けなどでは絶対にない。まずそれを認めることから、会話は始まるんです。

**店員**　お客様！　お話し中すみません！　お料理のほうは？

**田中**　ええ、たしなみます。タルト・タタンと冷製スープを少々。

**今野**　……は？

**店員**　はは！　何から行きましょ。

**田中**　3辛がベスト、というかマストですね。ココイチでは。

**今野**　え、何言ってんですか？　ここ焼きとん屋ですよ？

**田中**　ココイチの辛さのシステムは初心者泣かせです。普通の上の1辛は通常のカレーの辛口と思ってもらえばよいでしょう。2辛は1辛と比較して約2倍の辛さ。これは普通ですね。しかし、3辛は1辛の約4倍の辛さになります。これがわたしの好み。

**今野**　田中さん？

**田中**　そして4辛は1辛の約6倍。5辛は1辛の約12倍。いきなり12倍ですよ。4辛から5辛の差がエグすぎませんか。

**今野**　田中。

**店員**　どっからでもかかってこい！

**田中**　おお！

今野　……は？

店員　それいいですね！　うちも焼きとんにまぶす唐辛子の量を増やしたい。

田中　いいじゃないですか！

今野　え？　店員さん？

田中　オッパイ5辛。２本。

店員　よろこんで！

今野　おかしいやろ。

店員　ガツ2辛もいいですね。

田中　辛そう！　響きがもう辛い！

店員　ハツ3辛。

田中　ハートウォーミング！

**今野**　変でしょ！　おかしいって！　ちがうから！

**店員**　シビレ4辛！

**田中**　辛い上に痺れるの！　たまらない！

**店員**　そうなると、おすすめはシシトウ5辛ですね。

**田中**　そもそも辛いシシトウが12倍！　やめて〜もうやめて〜！

**今野**　いやあなたがやめろ！　もう普通に頼んで！

**田中**　店員さん、このおすすめ10串をください。本当に3辛でお願いします。わたし辛いの好きです。

**店員**　よろこんで！

**田中**　今野さん、最高の事例をありがとうございます。あの店員さんは天才。今野さんは最悪。

**今野**　なんですって？　あなたがめちゃくちゃでしょ。……でもあの店員さん、たしかに、なんだかおもしろい人ですね。

**田中** それも最悪です。ほめなくていい。

**店員** 「やってみせ、言って聞かせてさせてみて、ほめてやらねば人は動かじ」は、うちの標語です！

**今野** まだいたんですか！

**田中** 山本五十六！ 店員さん、それでいえばね、アメリカは当時山本五十六を必要以上に恐れたというジョークがあるんです。アメリカ軍は日本文化をよく勉強していて、日本では子どもが生まれると「一郎」「二郎」「三郎」と順番につけていくという命名習慣を知っていたんですね。それでアドミラル・イソロク・ヤマモトのイソロクが「56」を意味すると知ったとき、騒然となった。「それならばイソロク・ヤマモトは56番目の子なのか⁉ なんてグレートでパワフルな父親なんだ！　日本は手強い！」

**店員**　すごすぎますね！　……お客さん、待ってくださいよ。それなら将棋の加藤一二三さんはどうなるんですか？　柔道の阿部一二三さんもどうなるんですか？

**田中**　123番目！　日本には勝てない！　勝てるわけがない！　ぐはははは！　最高！　店員さん天才！

**今野**　いや、加藤一二三さんは三男坊ですよ。阿部一二三さんは次男。ウィキペディア見れば書いてありますし。

**田中**　今野さん。あなたは本当に最高の最悪ですね。

**今野**　なんだと。

**田中**　……仕方ないですね。説明しましょう。

ダイアローグ2　「ちがうやろ！」

どう話すか（とっかかり編）その1

# 「関係ありそうな、なさそうなこと」を話そう

「対話の目的は、物事の分析ではなく、議論に勝つことでも意見を交換することでもない。いわば、あなたの意見を目の前に掲げて、それを見ることなのである」

これはアメリカの理論物理学者であり、神経心理学者、哲学者でもあるデヴィッド・ボームの言葉である。

**人は「意見」をいくら述べても賢くならない。また、人の意見に意見をぶつけても賢くならない。**これはだれでも意見を言いやすいネットの時代になって、みんなが間違えている点である。人の意見になにか言いたい時でも、意見の中身ではなく「意見の述べかた」について考えたならば、少しだけ賢くなれる。

相手のことについて、自分のことについて、提示された議題のようなものに対して、覚えておいて欲しいのは、「会話とは、関係ありそうな、なさそうなことを返すこと」だ。

関係ありすぎる返しをする人は、偉そうと思われたり、喧嘩になったり、事態を面倒にする。関係なさすぎる返しをする人は、馬鹿と思われたり、喧嘩になったり、事態を面倒にする。

前を向いて話すことは、じつは対立の可能性を孕んでいる。相手に向かい合おうとするとよくない。会話も、恋愛も、「かまって」「わたしに注目して」が失敗の元になる。だからバーでは、人は横に並んで座るのである。

言葉つながりのダジャレでもいい、窓の外の雲の話でもいい。脈絡がないわけではないが、さりとて議論するでもない。ちょっとした知識や、「話はちょっとズレますが」で話をあさってに持って行く、**話を逸らす力が会話の力**なのである。わたしはこれを「あさって話法」と名付けた。いま思いついていま名付けただけで、たぶんもう使わないと思う。

相手と、自分の、「間に発生」したことをたのしむ。前ではない、上を向いて話そう。あさっての方向に話を持っていこう。そうすることで、あなたは対人関係の息苦しさや、話の続かない気まずさから少しだけ楽になれるはずだ。

どう話すか（とっかかり編）その2

# 「ボケ」は現実世界への「仮説」の提示

話はようやく、本書の冒頭の「ボケ」「オチ」「ツッコミ」とは何か、に答える核心部分に入ってきた。

ここではまず「ボケ」について説明しよう。

会話で、よく「ボケをかます」などというが、その正体は何か。本書冒頭の例で言うと、傘のことを指差して「これバナナちゃう?」と言ってのける行為のことである。

だれが見てもそれはバナナではない。円筒形で、細長い、形状に多少の相似はあるかもしれないが、それは雨が降った時に使用する道具である。食べられないし、黄色くもない。ただ、発話者は形状がやや似ているというだけで、「もしかしてこれは傘ではなく、バナナである可能性がある」と主張しているのである。

たいしておもしろくもないし、斬新な主張でもないが、彼がしようとしていることは何か。

それは、**いま目の前にある現実世界に対する、別の視点からの「仮説の提示」**なのである。

① 話者が現実に対して「ボケ」という仮説を提示する
② 他者がその仮説を一旦認定し、他の事象を例示する
③ 両者が法則性を発見し、他の事象に演繹する

④ さらにもう一度全体に帰納する
⑤ 現実世界への見え方が変化し、新しい認識が生まれる

会話にこのプロセスがあることが「笑い」であり、すべては対話の過程で起こる。じつは①の「ボケ」の提示が、豊かな会話への出発点なのである。

①のあと、即座に「それはバナナではない」などとあたりまえのことを指摘する、それが「ツッコミ」であるが、その行為は我々会話する者同士に⑤のような世界への新たな認識をもたらさない。

「ツッコミ」は不要なのである。じつは、**「ツッコミ」は漫才や**

**落語などの【舞台演芸上の職務】**であって、現実の会話にはまったく必要がない。

日常会話のおもしろさは【仮説に仮説を重ねる】ことにある。相手が突然提示した「ボケ」の姿勢を肯定し、現実から離陸した世界をお互いに発見する。

こむずかしく説明したが、「ボケ」には「ボケ」を重ねる、会話の楽しさはこれに尽きる。

どう話すか（とっかかり編）その3

# 「ツッコミ」は「マウンティング」である

前段で、「ボケ」こそ現実に突きつける「仮説」であり、言葉によって平凡な日常から離陸するためのテイクオフだと説明した。そしていま、離陸するためのテイクオフという全く無意味な反復をした。

それに対して「ツッコミ」とは、わかりきったことを言うだけの「仮説殺し」、つまりは仮説と検証という科学的探究心で成り立つ近代以降の社会において、まったく非科学的な態度であることを述べた。

わたしがよく話すことに、こういうものがある。

「カワウソが成長したらラッコになる。ラッコが成長して、一定の大きさを超えたらビーバーになる」

まごうかたなき「ボケ」であるし、一瞬「そうなの？」と思ってもらえたら幸いだし、結局最終的には信じるものはだれもいないしょうもない仮説である。なんなら手元のスマホで調べたら数秒でそんな事実はないと判明する程度の低レベルなボケである。

だが、まさかと思うが「バカなことを言うな。生物学的にカワウソとラッコとビーバーは全く異なる生き物だ」というようなことを正面から主張してくる者がいるのだ。**しかも、だいたい怒っている。**余談だが、「俺を怒らせるなよ」などと言う人はすでに怒っている。

その主張と怒りはいったいなんなのか。わたしがカワウソとラッコは同じと言い放ったぐらいで遺伝子組み換えが起こるのか。

その主張こそ「ツッコミ」であり、ツッコミの正体は「マウンティング」なのである。いま、お前は頭の悪いことを言ったな、それは間違いだぞ、お見通しだぞ、お前のやったことは、全部すべてスリットまるっとゴリっと世界の果てまでお見通しだ！　どんとこい超常現象！　というわけなのである。

短く要約すると**「私は賢くて、お前はバカ」**ということだ。苦労して日常に対して仮説を提示した英雄に対して、労せずして優位に立つ、そんな甘い夢を見ている人間が「ツッコミ」をするのである。

そして、その**ツッコミは、SNSにおいては「クソリプ」と呼ばれる**ものである。だれかが日常をおもしろくするために掲げた仮説に対して、日常や常識にのっとった正しさを主張する。

合理性を求める人とか、マウンティングしてくる人間は、「その人の常識」という限定的な時間と空間の中にある正しさを主張しているだけなのである。人生100年あるとして、活動の幅は地球の広さだけあり、時間も空間もコントロールできるはずがないほど膨大なのに、現在暮らしている共同体の、現在生きている時間というものすごく狭いフィールドの中だけで通用する正しさを持って、そこに「楽しく異を唱えた人」を弾劾して威張ろうとする。

日常生活でそんな人間になってはいけない。だれかが「カワウソが成長したらラッコになり、ビーバーになる」と言い始めたら、「最終形はトドですか？」ぐらいのくだらなさでいい、**仮説をつなごう。**

繰り返し述べるが、ボケに対して「そんなワケないやろ！」と素早くツッコミを入れる必要があるのは、舞台芸人だけである。芸人は役割として、十分おもしろく客を笑わせたその話を一旦そこで終わらせ、ボケ役が展開する次のテーマに舵を切っているだけなのである。

そして最後には「もういいぜ」とか「ええ加減にせい」などと叫んで舞台から退場する進行について責任を帯びている。

あなたが自分の人生からいますぐ退場する必要がないのなら、他人にツッコむのはやめよう。

# 審査員になるな

どう話すか（とっかかり編）その4

さて、あなたは日常に対して「ボケ」をかまし、少しでも日常を愉快にすることを心得た。また、他人が一生懸命繰り出した「ボケ」に対して無粋かつ偉そうなマウンティングである「ツッコミ」＝「クソリプ」をしないように心がけるようになった。

一方、他人の「ボケ」に対して「田中さん、おもしろい！」「超ウケる」「笑える〜」などと手放しで称賛する人間のリアクションはどうだろうか。

「会話術」や「話し方」の本では、この行為は正しいこととされている。いわく「他人の話には大きなアクションで相槌を打ったり、身を乗り出して反応しましょう。そうすると相手はあなたに肯定された気分になり、自己肯定感が高まり、メキメキとあなたに好意を持ち、大変な利益がもたらされ、労務の提供や現金の授与、財産の譲渡に関する遺言書の作成などが期待できるでしょう」

……そんなわけがない。むしろ、相手は気分が悪くなる。「おもしろい！」「超ウケる！」などの発言を相手に返した者には、尻が2つに割れる、クレジットカードの使用金額を翌月に請求されるなどの不幸が舞い込み、最後は火葬されて白骨化する可能性すらあるのだ。

なぜか。それは、**「ほめる行為」も「マウンティング」の一種**だからである。

「超ウケる！」……だれがその人の機嫌を取るために生きているのか。「笑える〜」……いったいどの立場で審議講評しているのか。なぜそんなに上から目線なのか。「おもしろい！」……だれがその人に審査員を頼んだのか。

それら上から目線の高評価は結局、「超つまんない」「くだらない」「おもしろくないね」などの裁定を下す行為とワンセットなのである。

審査員になってはいけない。依頼されてもないのに他人を裁いてはいけない。あなたが他人に対してすべきは、さらにおもしろくするようにに話をつなぐか、できそうにないなら「ただ笑う」、それだけでよいのだ。

どう話すか（とっかかり編）その5

# 会話に「結論」はいらない

あなたは日常の中に「ボケ」という仮説を差し込んだ。しかし、サッカーのゲームに例えるならばそれはあくまで「スローイン」にすぎない。

そのあと、相手や、もしくは複数の人間でボールをパスして回していけばいい。つまり、「ボケ」に「ボケ」を重ねていけばいいのだ。

一人が月を見て「あれは天体のように見えるがじつはあそこに置いてあるクッキーなのではないか」とボケをかませば、ひとつの仮説がさらなる仮説を呼び、もうひとりが「森永製菓にムーンライトというクッキーがあるが、すると、月というのはクッキーをかたどってつくられたのではないか」などとボケが重なっていく。

会話の参加者のだれも「ツッコミ」というマウンティングをせず、「その発想、おもしろいね」などと審査員にもならず、全員がプレーヤーとしてスローインされたボールをドリブルしてパスを出す。そうしてただパスを回す遊び、それが最上の会話であり、「連歌」にも通じる遊びの本質なのである。

ここで肝心なのが、会話に結論はいらないということである。よく**「いいオチがついたね」**などと会話を理屈っぽく終わらせようとする者がいる。また、ボケ行為を始めたものに対して**「で、オチは?」**などと詰め寄るものがいるが、それはボールをうまく扱えない人間の哀しい遠吠えである。その人間は、自分がおもしろいボケを被せることができないので、最高裁の裁判長のように他人を断罪して、権威を保とうとしているだけである。

会話にオチはいらない。理想の会話とは、ボケにボケが重なって、もはや何について語っているかわからなくなる状態であり、会話の参加者全員が**「今、なんの話をしてたんだっけ?」**という状態になることである。それこそ人間が退屈で平凡な日常や、うっとうしい自己というものから解放されるひとときなのである。

どう話すか（とっかかり編）その6

# 「知らんけど」の効用

「なんの話をしているのかさえわからなくなる状態」こそ人間の幸福であるとわたしは述べた。

しかし、人間はどうしても意見を求められたり、なにかについて見解を発表しなければならない局面がある。それは往々にして独善的な断言になったり、それこそ議論に発展してしまう場合がある。

そんなときに活用して欲しいのが「知らんけど」である。

「異常気象の理由？　太陽の黒点反応が活発になってるからちゃうの？　知らんけど」

「なんで不況かわかるか？　円高で輸出産業が打撃を受けてるからや。知らんけど」

「知らんけど」は関西人がよく使う終止形である。これは、自己の発言に対する責任逃れではない。むしろ非常に自覚的で責任のある姿勢なのだ。

前者は、自分が天文学者かどうか考えてみるといい。後者は、自分は経済評論家かどうか思い出してみるといい。とりあえず自分の知っているかぎりの情報を総合してわかったような結論を述べてはみたが、実際のところはよく知らない。「知らんけど」は、そんな自分を客観的に捉えて立場を表明する言葉である。

人間の知性とは、知っていることをひけらかすことではない。むしろ、何を知らないかを自覚した「無知の知」こそ賢者の姿勢といえるだろう。

たいして知りもしないのに、専門外の分野について他人にご高説を垂れる行為は、SNS時代になって特に顕著になった。**生半可な知識を振り回さず、あまり知らない自分を、正直に相手に差し出そう。**

「知らんけど」は、わかったようなことを言ってしまった時だけではなく、ボケをかました時の終止形にも使える万能な言葉である。知らんけど。

## 会話術コラム❷

# 困った時はこけてみろ　～岸本くんの教え～

驚くべき友人に、岸本くんがいる。彼、岸本高由くんは、大学の同級生だ。忘れもしない、いつだったかはっきり思い出せないが、忘れとるやないか、たしか大学1年生の時だったと思う。友人たちと待ち合わせした時に、彼は少し遅れて現れた。イライラして待っていた我々の前に、彼は小走りに駆け寄ってきて、なんと「いきなりこけた」のである。それは激しい転び方だった。彼のズボンの膝が少し破れるほどだった。あっけに取られた私たちに岸本くんは言い放った。

**「なんにもなかったらこけてみろ、とオトンに教わったんで」**

放心からの着地。とおりいっぺんの謝罪ではなく、笑い、納得、感心が彼を遅刻という悲惨から救い出し、我々を怒りから解き放ったのである。岸本くんは大阪人である。関西人は日常をひとつの舞台として捉え、どこかにカメラがあるような意識を持って、自分を客観視している。

この場面で彼は、転ぶ、自分を落とすという演技に全力を費やしている。ズボンが破れるくらいの捨て身が彼に「浮かぶ瀬」をつくる。自分を落とすと落ちると思っている人がいるが、それは間違いだ。落ちたら後は上がるしかない。これこそまさに関西のふるまいである。しかも彼はそれを親から伝授されたという。代々受け継がれているに違いない。

ボケることは愛されることなのだ。すこしばかだとおもわれることなのだ。相手を可愛いと思う感情と、すこしばかだと思う感情はかなり似ている。

ふざけることを恐れる人がいる。しかし「あいつはふざけた冗談を言うからこのプロジェクトから外そう」というのは聞いたことがない。むしろ、ふざけていたほうが地位は上がる。岸本くんはその後、東証一部上場企業の役員などを歴任した。

30年来の付き合いである彼にいまだに言われるひと言が「まじめか」である。わたしもまだまだボケが足りない、ふざけが足りないと反省することしきりである。

第3章

# どう話すか（めくるめく編）

この本は会話に苦しんでいる人が多いので、もっとラクに会話を楽しんで欲しい、そんな思いがあってつくられた。

そのため、ここまで「根本的に、人は人にあまり興味がない」「会話は結局、ボケていればいい」という従来の会話術の本には見られない指摘をした。

しかし、心がラクになる会話のためのそのような考え方や言葉そのものは、簡単で軽いものか？　ところがどっこい、そうではない。

あなたはあなたが発した言葉でできている。じつは、あなたの人間関係も、財産も、幸福度も、言葉が変換されたものなのだ。

ダイアローグ3

# 「ビジネス書なんですけど」

《田中泰延×今野良介》

**今野良介**　ボケとは仮説。ツッコミは仮説殺し。第2章をまとめるとそういうわけですね。

**田中泰延**　1行でよかった。そないまとめるなら本いらんやろ。

**今野**　それにしても大阪人にツッコミを否定されるとは。

**田中**　日常会話にツッコミは不要です。

**今野**　しかしね。日常会話って言っても、それはいわゆる「バカ話」のことでしょう。この本はダイヤモンド社から出るビジネス書ですよ。ビジネスでボケてばっかりの会話してたら、話が前に進まなくないですか？

**田中**　今野さん、あなたは間違いの見本市のような人だ。

**今野**　なんだと。あなたこそボケ博覧会じゃないか。

**田中**　ほめてはいけないと言ったでしょう。

**今野**　ほめてないわ！

**田中**　あのですね、ビジネスこそボケが不可欠でしょうに。

**今野**　どういうことですか。

**田中**　手元にある端末ですべての料金支払いが完結する未来をだれが信じましたか。家にいながら注文した商品が翌日届く未来を、だれが現実的だと思いましたか。使ってない自家用車がタクシーになったら便利だという思いつきを、だれが実現まで漕ぎ着けましたか。このオッパイ5辛の焼きとんだって、家から注文したら1時間後には届けてくれるんですよ。

**今野**　アップルとアマゾンとウーバーの話ですか。

**田中**　数十年前、そんなものはすべて絵空事だったはずです。有名な起業家はみんな、アイデアという大ボケをかましたんです。その壮大な仮説に乗っかった人々がいたから、世界は前よりも便利になったり、おもしろくなってきた。いわゆるイノベーションといわれるようなビジネスはそうやって実現してきたんじゃないでしょうか。今野さんさっき「バカ話」っておっしゃいましたけど、スティーブ・ジョブズが「stay foolish」と言いました。いま使ってる、そのMacBookをつくった人です。

**今野** ああ、それはそうですね。起業はボケか……。それなら、ビジネスの文脈におけるツッコミとは何なのでしょうね。

**田中** アイデアの芽を摘む人でしょう。いわく「そんなことできるわけがない」「きっとうまくいかない」「悪いことは言わないからやめたほうがいい」「時期尚早ではないか」。

**今野** ……それって、この世の97%くらいのビジネスパーソンが一度は言われたことのある言葉だと思いますが。

**田中**　もちろん、本当に無謀なアイデアや、世界を絶望に陥れるような悪魔的な企みを未然に防ぐ人々の存在は大切ですよ。でもね、今までの常識を変えるようなアイデアに対して、今の日常や常識にのっとった正しさを主張するというのは、意味がないでしょう。そんなことわかってるわけですから。それを大前提にして言ってるわけですから。話を前に進めないのはツッコミのほうなんですよ。

**今野**　それって、ビジネスに限らないのかもしれないですね。

**田中**　と、おっしゃいますと？

**今野**　たとえば、最初に納豆を食べた人。どぶろく飲んだ人。フグとかチーズとかナマコとか、死んだエイを壺とかに入れてめちゃくちゃ臭くなったやつを食べた人。嗜好品とか発酵食品って、最初はツッコミどころ満載だったんじゃないですかね。

**田中** 命がけのボケだったでしょうね。

**店員** お客様！ ラストオーダーのお時間になります！

**今野** ああ、もうそんな時間か。田中さん、なんか食べますか？

**田中** いえ、わたしはもう唐揚げと揚げ出し豆腐と油淋鶏くらいしか入りません。

**今野** もう大丈夫です。お会計お願いします。

**店員** かしこまりました！

**田中** なんで聞いたんや！

**今野** 田中さん、わたし、さっきの「stay foolish」で思ったことがあるんです。ちょっと真面目に聞いてもらえないでしょうか？

**田中** わたしはいつでも真面目にふざけています。

**今野** 子どもを見てると思うんです。子どものイタズラとは「ボケ」であり、親のしつけとは「ツッコミ」であると。

**田中** ああ。

**今野** わたしが子どもに「しつけ」をしたくなる瞬間って、わたしの常識の範囲外の行動を取った時なんですよ。ご飯食べてるときひとつとっても、皿中の料理で自作おにぎりを練るとか、コップを逆さにして池をつくってニンジン泳がすとか、スープを化粧水にし出すとか。「やめなさい」って言いたくなるんですけど、客観的に見ると笑っちゃうんですよ。「その発想はなかったな」って。

**田中** 子どもはボケ倒しますからね。

**今野** 自分が幼稚園とか小学生とかの頃を思い出しても、最初はみんなボケてたと思うんです。でも、いつしかボケる奴が少なくなっていった。どうして、人はボケなくなるんでしょう？　なぜ「stay foolish」でいられなくなるのでしょう？

**田中**　先生や親に言われたことを通して、「自分は社会常識を身につけたぞ」っていう子、知恵を持った子から、順番にツッコミに回っていきますね。

**今野**　教育ですか。

**田中**　先生や親が常識を教える。常識を身につけた子をほめる。そこで、「逆のことをやったほうがおもしろい」と思うか、「ほめられるからその通りにやる」と思うかに、最初の分かれ道があるのかもしれません。

**今野**　なるほどね……。

**田中**　はい。

**店員**　お会計、こちらになります！

**今野**　……あ、どうも。カードでお願いします。

**田中**　ごちそうさまです。ありがとうございます。世界のダイヤモンド社！

**店員**　かしこまりました！　毎度ありがとうございます！

**今野**　………。

**田中**　………。

**今野**　………。

**田中**　………。

**今野**　………。

**田中**　………。

**今野・田中**　「あの、」

**今野**　……あ、すみません、どうぞお先に。

**田中**　今野さんこそ、どうぞどうぞ。

**今野**　いや、どうやら、ここからしばらく、会って話すことができなくなりそうですよね。

**田中**　そうですねえ。

**今野**　このあとの取材、どうしようかなあ……。

**田中**　わたしもその話をしようと思ったんですよ。次回はオンラインにしましょうかね。

**今野**　そうですね。やってみましょうか。今日は長時間ありがとうございました。

**田中**　こちらこそ、ありがとうございました。

どう話すか（めくるめく編）その1

# 「他人の発言にどう返したか」が、今のあなた

「今夜は無礼講だぞ」と上司が言った宴会で「そうですか。わかりました。斉藤、お前は普段は部長ぶって偉そうにしやがってばかやろう」などと言っていきなり斉藤部長の頭にビールをかける者がいる。かなりのばかやろうである。

会話は気楽にするべきだが、いくらなんでもこれはまずい。相手が言ったことに対して反射で返事してはダメだ。

その返事が自分のプレゼンスを上げるのか、おもしろいと思われるのか、なにかもらえるのか。よく考えてから会話をスタートさせよう。

100メートルを9秒台で走れるとか、野球のボールを170キロで投げられるとか、100万人が聴きたくなるような歌声であるとか、そんな地球上にわずかな数だけ存在する人間以外は、ほとんどの場合、気がつきにくいことだが、じつは人生というのは会話の結果だけで決まっている。

だれかと話して、気が利いている、節度がある、思いもかけずおもしろい、などの驚きと評価でその人のその後の待遇が決まる。人気者になった人、出世した人、モテた人、大富豪になった人、ほとんど「他人の発言にどう返したか」の積み重ねの結果、そうなっているのだ。

もし、うまい返しが思いつかなかったら、無理に何か言うより、微笑んでいたほうがよほどいい。そもそも何か言って得をしたり、金を儲けたりすることはかなりむずかしい。

日常会話でもSNSでも、大事なのは、「今これを言うべきか、言わざるべきか」に関して**4秒間**、考えることだ。「言わなくてもいい」と判断して言わなければ、災厄は降りかかってこない。**会話術は沈黙術でもある。**

ちなみに4秒間に根拠はない。

どう話すか（めくるめく編）その2

# 言葉は「細部」が大事

わたしは新聞や雑誌でインタビューを受けたり、対談をすることがある。その時は記者やインタビュアーと、できるだけ会話が弾むように、また対談相手が笑ってくれるようにと、第1章や第2章で述べた法則にもとづいて、できるだけ無駄な話や「ボケ倒し」をするよう心がけている。

インタビューや対談が行われた現場では大いに笑いが起こる。わたしはああ今日も盛り上がったよかったよかったと帰途に着くのだが、後日、記事ができあがると、多くの場合こう書かれている。

【田中泰延氏は2時間にわたり、時折ユーモアを交え語った。】

**待ってくれ。時折じゃない。全部だ全部。**わたしは2時間、とくにこれといってためになることは何も言っていない。慎重に自分語りや自慢をせず、知識をひけらかすことを避け、相手のことをしつこく聞き出さず、会話の流れの中で相手の言ったことに対して関係ありそうな、なさそうな話をし続けたから笑いが絶えなかったのだ。

その合間にたまに発生する多少なりとも役に立ちそうな発言だけを抽出されると、わたしの話など、2時間が30秒くらいになってしまう。

そういう記者は、地下鉄を題材にした5分間の漫才を聞いて、「漫才コンビの○○は、時折ユーモアを交え、地下鉄について5分間話し合った」などという記事を書くのだろうか。

そのような者は、人間の発言には必ず教訓や、戒めや、吸収できる知識や、得をする情報や、ライフハックや、学びや、気づきや、圧倒的成長が含まれているべきだと考えているのだ。

人間が受ける印象や、相手に抱く好意というのは、要約できるような知見や知識や主張からくるものではない。むしろ細部にある。

無駄に聞こえることや、「本題」とやらと関係なさそうな話の細部にこそ、会話の神は宿るのである。

どう話すか（めくるめく編）その3

# 人間は会話すると、必ず傷つく

「会話はギブアンドテイクでもウィンウィンでもゼロサムゲームでもない。ましてや勝ち負けなどでは絶対にない。」

これは有名な人の言葉だ。わたしがこの本の79ページで言っている。

たしかに、会話は、うまくやれば楽しい時間を創出でき、場合によってはすでに述べたようにあなたの人生に利益をもたらすこともある。しかし、ここで覚えておいてほしいのは、「言葉の世界」に足を踏み入れると、**「人は必ず傷つく」**ということである。

ふとした会話でさりげなく容姿のことを言われても傷つく。前髪の短さを言われても傷つく。極端なことを言えば、天気の話だって他者が傷つく可能性がある。わたしは昔、晴れが一週間も続いて嬉しいなというようなことをSNSに書いたら、**「雨が降らなくて困っている農家の方もいるんですよ」**と書かれたことがある。いわゆる「クソリプ」だが、どんな発言でもだれかを傷つける可能性について、わたしにも学ぶところがあった。

それは何かの事象や、内面的な心象を不完全に相手に伝えることしかできない「言語」というものの本質でもあるのだ。

その究極が、親しい人だ。会話する機会が多い分、じつはあなたは親しい人を傷つけ、親しい人に傷つけられる機会も多くなる。人間は、どういうわけだか、自分を一番大切にしてくれる人を、わざわざ一番傷つける仕組みになっている。となると、傷つけるほうも、傷つけられるほうも、最初からそこを通らねばならないと決まっている修行である。

人と人が、言葉を交わす。とてもよいことを言われても、悩みを打ち明けられても、「超おもしろいね」などと審査されても、じつは心は必ず傷つく。それから自分を守るのは、「スタンス」である。スタンスとは、「芸」のことである。

どう話すか（めくるめく編）その4

# 行為より、言葉のほうが重い

不倫行為を追及されて、**「不倫は文化だ」**という主旨の発言をしてしまい、一生涯自分のその言葉に攻撃されている人がいる。正確な発言は違うようだが、そのようにまとめられてしまい、言葉が一人歩きしているようで大変気の毒だ。

社会的に非難されるような行為をしても、法を犯す行為をしてしまっても、黙って行動を改めたり、裁かれて服役したりすれば許されたり、忘れてもらえたりする。

やっちゃいけないことをした人は償えば許される。しかし言っちゃいけないことを言ったら許されない場合があるのだ。

行動よりも、じつは言葉のほうが重いのである。

過去の差別的発言や、暴言の記録は、かならず将来にも蒸し返される。これが、「無言で人を殴った」事件ならば取り沙汰されることは少ない。言葉の記録性は強い。

会話を楽しむ、いろんな話題に発展する、または議論のような状態になる。すべての状態において、慎重にならなければいけないのは、「他人を傷つける発言」「政治的な主張」「巨人軍は今年絶対優勝できないし阪神タイガース以外の球団はクソ」などである。**最後のひとつはほんとう**だが言ってはいけないのである。文字になって残ったら特に最悪だ。

サービス精神が旺盛な人、人を笑わせることが好きな人、明るい人こそ、このような落とし穴に落ちてしまうことがある。

「ドアの向こうに人がいる」という貼り紙を見たことはあるだろうか。発言することは、勢いよくドアを開ける行為なのだ。あなたは会話するとき、想像力を働かせなくてはならない。

どう話すか（めくるめく編）その5

# エトスなき会話は虚しい

この本は会話の本であって、論理的に一直線に進むものではない。

しかし実用的なことも書いてしまおう。ここだけ読むときは別料金が発生するので気をつけてもらいたい。

それは会話における、

ロゴス
パトス
エトス

の3つについてである。これは結婚に大切な3つの袋の話よりかなり大切だ。人間が人間に話して、思いや考えを伝える時には、この3つが揃わねばならない。

これは古代ギリシャの哲学者、アリストテレスが『弁論術』で示したものだ。『弁論術』は岩波書店から出ている。この本より安い。なぜ2500年も売れているアリストテレスの本を読まずに、この本を読んでいるのか理解に苦しむ。さておき、

ロゴスとは英語の「logos」、つまりロジック、論理構成である。

パトスとは「passion」、情熱、心のことである。

もっとも大事なのがエトス、英語ならば「ethics」、つまり倫理、哲学ということになる。

わたしは、前著『読みたいことを、書けばいい。』のなかで、「人間の外にある〝事象〟に触れて生まれた〝心象〟を伝えるのが随筆であり、ほとんどの文章は随筆である」と述べた。

会話でもほぼこの形が重要となってくる。ものすごく単純化して会話の例で書くと、

1 「あのさ、○○っていう国が昨日、ミサイル実験をしたね」
ロゴス＝事実に基づいた論理的な説明

2 「わたしはそれを聞いてすごく怖いし、憤りを感じるんだよね」
パトス＝それによって生じた強い思い

3「でも、平和のためには、対抗手段を講じるのではなくて、軍縮交渉をしたほうがいいとわたしは考える」
エトス＝世界をどう捉えるか、未来への哲学を提示する

また、これは自己紹介や就職活動にも活かせる。

どんな学校に通ってどんな専門知識を身につけ（ロゴス）、どれくらい頑張って勉強したか（パトス）も必要事項ではあるが、一番大切なのは「この就職先の会社、ひいては社会をどう変えたいのか」というエトスの部分で、これを最も重点的に相手に伝えなくてはならない。

「〇〇工業大学で、建築工学を学びました。資格を取るために徹夜

の連続でしたが、やり遂げました」も必要伝達事項だが、「わたしは、日本を、もう一度木造建築でいっぱいの国にして、日本人に安らぎを感じてもらいたいんです」

相手は、あなたの人生の目的を、哲学を感じたいのだ。

エトスなき会話は虚しい。もし、あなたがだれかになにかを伝えようとするなら、世界をどう捉え、世界とどう向き合うか、つまり哲学を持たなければならない。

会話術コラム❸

## 会話術の本、その素晴らしきデタラメ世界

本書を制作するにあたって、ダイヤモンド社の編集者で、あまりよく知らない人なのだが今野？　とかいう人が、「会話術とか話し方の本は市場が大きいんです！」といかにも金欲しそうな勢いで言ってきた。それならその市場に参入しよう！　とわたしは金欲しさにほんの40冊ほどそのジャンルのハウツー本を買ってみたのだが、なるほど10冊ぐらいは数十万部、１００万部突破というような大ベストセラーである。

さぞ素晴らしいことが書いてあるのだろうとタイトルを見てみると、『得する』『超一流』『9割』『稼ぐ』『1分』『雑談』『人を操る』などの言葉が並ぶ。本書のタイトルも**『30秒で人を操り1億円稼ぐ超一流の雑談術が10割』**にすれば５００万部はいける。1分でどうにかする本の倍の速度だし、9割の本から1割増量している。

売れないわけがない。もし本書の表紙に違う題名がついていたらそれはミスプリントの可能性がある。急いでもう1冊買って確かめてほしい。

そうそうたる会話術・話し方のベストセラーの中身は、どれも「相手に関心があると思わせる質問の仕方」「相手に絶対に伝える」「あいづちの打ち方」……どの本もそっくりなのだ。まぁ、とにかくテクニック論である。1冊づつ紹介して笑おうかと思ったが、やめた。その代わり本書に全部逆のことを書いた。『人を操る○○』などという題名の本を買う人、どう考えても操られて本を買わされているのはその人自身だろう。ハウツー本を買ってしまう人の心理には「トクをしたい」だけではなく、ひいては「人間およびこの世界への不信感」がある、と思う。

**会話はテクニックではない。**話し下手だけど信頼できる人、ぶっきらぼうだけど愛せる人、なにを言ってもすべるけど可愛く思える人、きっとあなたのそばにもいるだろう。本書にもテクニック論は何も載っていない。しかし信頼され愛され可愛がられる本でありたいと願う。

第4章

# だれと話すか

人間は毎日、だれかと話して生活している。

だれと話すのだろうか。学校や会社で毎日顔を合わせる人。取引先。今日初めて出会った人。そしてなにより、家族、恋人、友達、親しい人と会話をする。

いずれの場合でも、会話を成立させるためには、適切な距離が必要だ。

また、わざわざコミュニケーションを取るのだから、あなたと相手が会話を交わしたあとは、会話する前より幸せになっていないと意味がない。

それは損得や利益の問題ではない。人間の存在そのものが肯定されるかどうかが問われているのだ。

ダイアローグ4

# 「わたしのこと、好きですか？」

《田中泰延×今野良介》

Recording
今野 良介
田中 泰延

**今野良介**　田中さん、こんにちは。

**田中泰延**　今野さん、こんにちは。

**今野**　異様ですね。

**田中**　どう見ても異常ですわね。

**今野**　何よりこのしゃべってる自分が見えてるっていう光景が一番きもち悪いですね。誰ですかこの人は。

**田中**　アバターですね。

**今野**　自分じゃないですよね。分身同士が話をしている感じ。

**田中**　遠いですね。

**今野**　必要以上に遠いです。しかたない。始めましょうか。

**田中**　やりましょう。

**今野**　田中さん、好きです。

**田中**　えっ

**今野**　わたしのこと、好きですか。

**田中**　……いや、その、そりゃ2冊も本つくろうとしてるわけですし、まあその、嫌いだとは言わないですけれども……

**今野**　傷つきました。

**田中**　えっ

**今野**　そういうことですよね。

**田中**　え、なに？　なに？　どういうこと？

**今野**　言葉を交わせば必ず傷つくっておっしゃったでしょう。「好きです」っていうのはその最たるものだなと。「わたしも好きです」という返答以外すべて傷つきますよね。自分から傷つきに行ってるようなもんじゃないですか。

**田中**　思春期の恋愛は、人間関係で傷つく練習です。

**今野**　付き合ってる人同士は実際やりますよね。「わたしのこと好き?」「好き」「わたしも」っていう。あれはなんでやるんですかね。

**田中**　気分がよくなるからでしょう。自分の気持ちを伝え、相手の気持ちを確認し、気持ちよくなる。それができる世界で唯一の相手ですから。今野さんは一夫多妻制主義者ですから複数いますけれども。

**今野**　最高裁までいっちゃるけ覚悟しとけよ。

**田中**　でもね、「好き?」「うん好き」ってなっても、「どこが好き?」とか言い始めたら、もう傷つく可能性を孕みまくるわけですよ。

**今野**　ちょっとぽっちゃりしてるところ。

**田中**　それはほんとうに訴えます。本人が自虐的に言っていたとしても、他人の容姿を侮辱する発言は人として最悪です。

**今野**　ごめんなさい。

**田中**　ほらこうなるわけですよ。しかも、今の「ぽっちゃり発言」は、二度とわたしの中から消えないんですから。

**今野**　そうですね。でもね、というか、だからこそですけれど、誰かと会話をするならば気分よくなりたいなと思います。

**田中**　そりゃそうでしょう。機嫌よく人と接するというのは一番大切なことだと思ってます。

**今野**　田中さんは会ってもツイッターでもいつも機嫌よさそうです。

**田中**　よく言われます。でも、いつも上機嫌なわけないです。

**今野**　そこなんですけどね。特に最近、ツイッターなどのＳＮＳで、常に機嫌が悪い人があまりに多すぎると感じます。政治や経済を憂えたり、自分の正しさを他人に押しつけたり、すでに炎上している人にさらなる罵詈雑言を浴びせたり。

**田中** わかります。いわゆる「炎上」が増えましたね。SNSは言わなくてもいいことを言えてしまうツールですからね。

**今野** 本来は自分でコントロールできるはずじゃないですか。嫌なことがあってもそれを言う必要はないし、そもそもSNSをやらなくてもいいわけで。わたしが気になるのは、不機嫌な人は、不機嫌な言葉を発することでさらに不機嫌になっている気がするんです。

**田中** それはSNSだけの話ではないはずです。わたしは、いつも不機嫌な人とは、会って話すのも辛いです。

**今野** 田中さん、この第4章のテーマは「だれと話すか」です。でも、ある組織に属しているとか、年収とか年齢とか性格だとかで相手を区別して、会話の相手を特定してほしいわけじゃありません。

**田中**　当然です。

**今野**　はい。ただ、自分の人生を振り返ると「その人といるときの自分が心地よい」と思える相手がいて、そういう人との会話は、やっぱり幸せな時間になるんですよ。

**田中**　それは今野さんだけじゃないです。吉田美和も「あなたといる時の自分が一番好き」って歌ってます。そういう「あなた」が持っている大切な要素の1つが、「機嫌がよいこと」だと思うんです。だからこそまずは自分ができるだけ機嫌よくいたいんです、わたしは。

**今野**　なるほどね。そんなあなたに聞きたい。

**田中**　田原総一朗か。議論はせんぞ。

**今野**　第2章の「ボケ」の話です。

**田中**　ああ。

**今野**　ボケてる人って、基本的に機嫌がよいですよね。少なくとも機嫌がよいように見える。「ボケること」と「機嫌よくあること」の関係についてはどう思われますか？

**田中**　いい質問ですね。

**今野**　池上彰か。わかりやすくお願いします。

**田中**　あのですね。言うまでもなく、わたしにも不機嫌な時はあります。たとえばこの前、ある公的機関のYouTubeで「オンライン会議でもマスク着用すること」を推奨するＣＭがあったんです。

**今野**　ありましたね。

**田中**　さすがに腹立ちました。本気かと。オンライン感染のエビデンスあんのかと。エビデンスとは海老が住むレジデンスなのかと。その時、わたしはこうツイートしました。「なんで俺が家で一人でリモート会議に参加するのにマスクしなくちゃならないんだ。何を推進しようとしてるんだ。人間にマスクさせるのは国際金融資本とイルミナティと宇宙人の指令なのがハッキリしてきた」

**今野**　後半がちょっとおかしい人ですね。

**田中**　まあ、ボケてるわけです。そのまんまだとただの不機嫌ツイートになるから、くだらない陰謀論を最後にくっつけてるわけです。

**今野**　本気じゃないんですね?

**田中**　あたりまえやろ。でも、それでいいんです。「こいつ怒ってるな」と思われるより、「こいつちょっと頭おかしいんじゃないか」と思ってもらったらいいんです。

**今野**　どういうことですか。

**田中**　第1章で言ったツッコミも、他人に自分の正しさを押し付けるクソリプを飛ばしてしまう人も、政府に文句言ってる人も、他人から「不機嫌な人」に見える点で共通しています。

**今野** そうですね。関わってもいいことなさそうな気がします。

**田中** そうだとしたら「おかしいやつだな」と思ってもらったほうが、「不機嫌なやつだな」と思われるよりはるかにいいんです。

**今野** いや、みんなバカだと思われたくないんでしょ。

**田中** そこや。

**今野** どこや。

**田中** 「バカだと思われたくない」と思うがあまり不機嫌を貫いたら、他人とのコミュニケーションの可能性を自ら閉ざしてしまうことになる。それよりも、ボケて「なんか怒ってるけど、ちょっとバカかも」と笑って片づけてもらう。その、ちょっとバカだと思われるのを引き受ける態度こそ「機嫌のよさ」だと思うんです。

**今野** 不機嫌を不機嫌のまま垂れ流さない、と。

**田中** 他人をコントロールすることはできないんですよ。自分の機嫌を取れるのは、自分しかいないんです。

**今野** でもそれは、意識していたとしても、とても難しいことですよね。不機嫌に飲まれないようにするというのは。

**田中** 一定の努力は必要です。でも、そんなに難しいことじゃないはずです。みんな、自分の尻を自分で拭けるようになってきたんですから。だって、もう２０２１年なんですよ？

**今野** ２０２１年が何か関係あるんですか？

**田中** ありません。

**今野** この人やっぱちょっとおかしいな。

だれと話すか　その1

# 「機嫌よく生きる」大切さ

いろんなところで同じ話をしているのだが、わたしには「機嫌よく生きる大切さ」について忘れられない強烈な原体験がある。

小学生の時だった。夏休み直前の真夏の日、小学校には校庭に整列させられ、校長先生や教頭先生の話を聞かされる全校朝礼というものが必ずある。

太陽が照りつけるなか長く続いた朝礼で、わたしは熱中症に陥ったのか、立っていることができなくなった。こらえきれず、担任に「保健室へ行かせてください」と告げた。

すると担任は「**みんなつらいのだ。お前だけではない**」と言った。わたしが「みんな？　……先生、僕以外のことは、僕には関係ないです」と答えたところ、おどろくべきことに鼻血が出るまで殴られたのだ。昭和50年代の公立小学校では体罰は普通だった。

わたしは気づいた。（この先生が不機嫌なのは、この人自身が暑さに耐えているからだ）と。「みんな」も不機嫌、担任も不機嫌、おそらく炎天下で訓示を垂れている高齢の校長先生も不機嫌なのだ。

「不機嫌」は伝染する。わたしは（先生は偉い。先生も耐えているのだから、僕も頑張って耐えよう）とはまったく考えなかった。わたしと担任、ましてやその他の「みんな」の肉体は、別のものである。

その時、わたしのなかに、ある決まりができた。「**皆が不機嫌な状況に陥ったら、せめて自分一人でもさっさと立ち去る**」ことである。

その後、社会人になったわたしは、ありとあらゆる形の「不機嫌の伝染」を目の当たりにした。満員電車。理不尽な命令。不本意な残業。どこで働いても不機嫌のタネは尽きることがない。そしてその不機嫌は上司から部下へ、そして職場全体に蔓延する。

わたしは社会人生活でも、「皆が不機嫌な時は、自分一人でさっさと立ち去る」という方針を貫いてきた。

会話でも同じことが起こる。ひとり不機嫌な者がいて不満や愚痴や、怒りを表明すると、たちまちそれは全体に伝染する。会話に不機嫌病が蔓延し始めたら、自分をさっさと隔離しよう。笑い話にしてしまう、話題を変える、最後は物理的にその場を立ち去る。手段はいくつかある。

なにより、**あなた自身が機嫌よくしていれば、あなたにとっての世界は機嫌がよいのだ**。あなたができる最も身近な社会貢献とは、よい言葉とよい笑顔である。

だれかが言った。「不機嫌で人を動かすのは、赤ん坊。ご機嫌で人を動かすのが、おとなである」と。おとなが口を開くのは、自分の機嫌をよくするためで、それは他人の機嫌もよくする。それこそが社会貢献なのだ、と覚えておこう。

だれと話すか　その2

# 会話の始め方、終わらせ方

こんにちは。お忙しいなか、お時間をいただき、この本を手に取ってくださってありがとうございます。

本書も半ばにして急に挨拶を始めてしまったが、まだちゃんとお礼を述べていなかった。これはじつはコミュニケーションの基本なのだ。「ちょっと話があるんだけど」でも「会議室に来なさい」でも「一瞬いい？」でもいいが、相手が応じてくれたら「忙しいところありがとう」と、**まず謝意を述べる**。社長が平社員を呼ぶときでも、夫が妻を呼ぶときでも同じだ。知らない人が多すぎる。

ことほど左様に大切な、会話の始め方と終わらせ方について語りたい。

上記のように用事があって始める会話以外でも、「あのさ、」ぐらいで始まる軽いものもある。しかし、あなたは「あのさ、」にも応じてくれた相手に対してまず「無視されなかった」ことに関して心の中で感謝の念を持たなければ、会話はうまくいかない。皆自分の人生の時間を生きているのだ。

そのようにして始まった会話だが、今度は終わらせるのが苦手、という人がいる。人と話が始まってしまったら、なかなか立ち去れない、自分から電話がうまく切れない、という人だ。

意識して他人同士の会話に聞き耳を立ててみると、**会話には必ず「クロージングポイント」が存在する。**議題についてなんとなく両者が合意した瞬間や、他愛無いことで両者が笑った瞬間である。

そのとき「会話はそこでクロージングしている」ことをわからない人間が多い。そういう人はだいたい、その後に必要ないことを言ってしまう。今思いついた例え話で恐縮だが、あたかもまるで蛇の絵に足を描くようなものだ。

「そうだね」という同意や、笑いが発生したらそれを逃さず、「じゃ」とか「ではまた」と終わらせてしまえばいいのだが、それができない。

普段はそんな人でも、うまく会話を終わらせている場面がある。

それは、**LINEのスタンプ**だ。LINEのスタンプは会話を終わらせるために発明されたといっても過言ではない。なんだか熊が「サンキュー」と手を振っている。ウサギが「オーケー」などと笑っている。三国志の登場人物が「かたじけない」などと言っている。意味はないが、終わらせたい時に繰り出せば、終わるのだ。

話を終わらせたい人は、会話の最後にLINEのスタンプを出すような気持ちで「じゃあ」とか「ではまた」と言えばいい。それで無礼に思う人は少ない。むしろ潔い終わらせ方のほうが好感を持たれる。

この文章を読んでくださってありがとうございます。では、また。

# 第4章　だれと話すか

だれと話すか　その3

# おかしい人の<br>おかしさは<br>「距離の取り方」<br>のおかしさ

「距離感がおかしい人」というのがいる。

たいして仲良くもないのにタメ口で話してくる人、他人が言ってほしくないことを言う人、なにかにつけて意見を言おうとする人、さらには物理的に顔を近づけすぎて話す人までいる。

「人との距離の取り方のおかしさ」の多くは「欲を出す」ことに問題がある。前から話したかった人と話した時、（もっと親友っぽくなれるのではないか）と欲をかいて要らぬことを言う。好意を抱いた相手と二人で食事をしたからといって（今夜なんとかなるのではないか）とすぐ手を出す。多くは破滅への道である。

この世で一番大事なのは「人との距離の取り方」で、おかしい人のおかしさというのは人との距離の取り方のおかしさが100パーセントなのだ。

勝手に間合いを詰めて自滅するぐらいなら離れていたほうがいい。

わたしがこう言うと、反論してくる者がある。

**「そんなことといっても、一歩踏み込まないと、他人とは仲良くなれないだろう」**

これこそわたしが50数年生きて見てきた「距離感がおかしい人」が共通して言うワードだ。

考えてみてほしい。人はどんな人に好意を持つのか。ズカズカと距離を詰めてきた人ではない。ブラッド・ピットがあなたに話しかけてきて一歩踏み込んできたか？　トム・クルーズがあなたの家に訪問してきて距離を縮めてきたか？

**自分がするべき仕事をしたり、自分にしかできない能力を発揮すれば、他人が距離を縮めようとしてくる。**そうなればあなたが応じるか、応じないかを決めることができる。それが主体的に生きるということなのだ。

人との距離は、じつは自分一人で自分を磨いてつくるものなのだ。

だれと話すか　その4

# 悩み相談には種類がある

第1章その2「あなたも相手に興味がない」でわたしは、知り合いでもないのに悩み相談をしてくる困った人のことを書いた。忘れていたが今読み返したらあったのだ。

よく会話術の本には「相談されたら傾聴と共感が大切」と書いてあるが、聴き続けるのも、「わかる、わかるよ」などと言い続けるのも疲れる。わたしのよく行く飲食店の主人は、客から悩み相談をされることが多いのだが、大抵は調理の手を動かしながら「大変やなあ」「難しいお話でんなあ」と片付けている。客は満足そうだ。しかしそれは店の利益につながる営利活動の一部である。

延々と長電話してくるような人にも困る。相手はただ聞いて欲しいんだよ、それで安心するんだよ、というのも一理あるが、それでも2時間長電話された日には、スマホのバッテリーも落ちてしまう。あなたの人生の時間と電気代をそんなに使う必要はないのだ。

人に悩みを延々聞かされることがあるから会話は苦手なのだと言う人は結構多い。親しいからといって他人の問題に指図してもいいことはあまりない。大抵の場合、相手は「アドバイスはいらない」と思いつつ、悩みの聞き役を探してうろうろしていることが多いのだ。具体的だともっといらない。善意で解決策を提示したのに喧嘩になることさえある。

とはいえ、親しい人には相談を持ちかけられることもあるだろう。

聞かざるを得ない時もある。悩みを聞かざるを得ない場合、内容を切り分けて考えよう。他人の問題に対する捉え方は4つある。

**①あなたが助けられる問題**
**②あなたが助けなくてはいけない問題**
**③あなたが助けられない問題**
**④あなたが助けてはいけない問題**

である。たとえば、

①あなたが助けられる問題
②あなたが助けなくてはいけない問題

については自分の立場、状況もある。「困っているから100円貸してくれ」には応じられても、「100万円貸してくれ」だったら気持ちは同じでも応じることは難しい。

③　あなたが助けられない問題

④　あなたが助けてはいけない問題

の場合は何もしてはいけない。というか、何かしたら状況は悪くなる。

あなたが他人の問題を、また他人があなたの問題を、ズバリ解決できるケースは少ない。その前提でいれば、あの面倒な「相談」というものへの心構えができる。

ちなみに、「なんでも話してくれ。今日はお前の相談に乗るよ」などと言う人はじつは思いっきり自分の話をしたい人だったり、説教をかましたいだけの人である場合があるから注意だ。

だれと話すか　その5

# 自分が楽しくなるリアクションをしよう

近所に2軒の耳鼻科がある。流行っている耳鼻科と、流行っていない耳鼻科だ。

わたしはなぜ一方はそんなに患者が多く、もう一方には人が寄り付かないのか知りたくて、両方を受診してみた。

流行っていないほうは、無言で診察し、無言のまま薬の処方箋が手渡される。もう一方の耳鼻科は、わたしが「鼻詰まりに悩んでまして」と言うと、

「鼻詰まり！　鼻詰まり！　それはつらい！　うーん鼻詰まり！　つらい！　お薬出しときますね、うーん！　鼻詰まり！」

とやたらにリアクションが激しい。

ちなみに、２つの耳鼻科が処方したのは同じ薬で、同じ料金だった。

よく会話術の本に、「相手の話に相槌を打とう、リアクションしよう、おうむ返ししよう」と書かれている。それは否定する気はないが、中途半端なテクニックを習得しても、生返事に終わるだけだ。**第一、自分が楽しくない。**

流行っている耳鼻科の先生は、オーバーを通り越した共感リアクション芸を自分が楽しんでいるようだった。わたしなど、その先生が他の患者にもいちいち「耳鳴り！　キーン！　ドーン！　うるさい！

寝れない！　あーうるさい！　つらい！」と叫ぶのを聞くのがおもしろくて毎週通っている。

何かをしてもらったり、お金やモノやチャンスをもらった時の「リアクション芸」が大きくて巧みな人は、また次に人から何かもらえる。ところが、もらい慣れてない人は「リアクション芸」が薄く、下手である。**持つ者と持たざる者の差ができる原因のひとつ**は、ほんの少しの「リアクション芸」なのである。

本書でも、別に他人を無視しろとは言ってない。どうせ聞くなら、自分がおもしろいぐらいに話を聞こう。あたりまえなことだが、芸は身を助く。あたりまえのことをあたりまえにやれ。これは亡き父の言葉だが、今思い返してもあたりまえだとわたしは思う。

昔からよく言われる「リアクションのあいうえお」がある。

ありがとう
いいですね
うれしいです
えぐいですね
おいしいです

4つめあたりが怪しいが、おいしいものをおいしいと言う。何かしてくれた人にありがとうと伝える。感謝の気持ちがあればうまくいく。

なんだか、あたりまえのことを書いてしまった。お父さん、見てますか。

会話術コラム❹

# 好きという言葉は、最悪です

本書に収録されているわたしと今野良介との対談でも、いきなり今野氏は失敗しているが、人が他人に「私はあなたを好きです」と言葉で伝える行為、そして「あなたはわたしのことを好きですか？」と言葉で問い詰める行為こそ、最悪の行為であることを明らかにしておきたい。

TBSラジオに「全国こども電話相談室・リアル！」という番組がある。そこに小学生の女の子から素朴な相談が届いた。それに対する解答者・永六輔の答えが史上最高に素晴らしいので抜粋して紹介する。

【Q. 好きな人に告白する言葉を教えて（小6・女の子）】

【A. 放送タレント　永六輔先生

好きな人に「あ、この子好きだな」とか「いい人だな」と思われるには、「おなべをいっしょに食べて同じものをおいしいと思う」「夕やけを見て、両方が美しいなと思う」というような同じ感動を同じ時点で受け止めるのが一番効果があります。「あなたが好きです」とか、「キミを僕のものにしたい」とか、「世界のどこかで待ってる」とか、そういうのはあんまり効果がありません。**「あなたが好きです」というのは最悪な言葉です。**だから、いっしょの環境にいるときに同じ感動をする場面に出来るだけいっしょにいる。スポーツの応援でもいいです。そうすると、使いあっている同じ言葉にドキンとすることがあって、それが愛なんです。】

このやりとりの全文は、番組の公式ホームページで閲覧できる。

http://www.tbs.co.jp/kodomotel/etc/20051120_1.html

この教えを人生で何度読み返したかわからない。あまりに美しくて、声に出して読むと涙が出てくる。本書でわたしはくりかえし「相手はあなたに興味がない」「あなたも相手に興味はない」「二人の外にあることを発見して共有しよう」と述べた。それはまさにこの永六輔氏の言わんとするところと同じなのである。ここまで本書を読んでくださった方には悪いが、この答えだけ読めば良かったんですごめんなさい。

第5章

# なぜわたしたちは、会って話をするのか？

人と会うのが苦手。人と話すのは難しい。人と関わるのは面倒だ。

そんな人のためにこの本はつくられた。しかし、それはつまり、書いているわたし自身がそうだったし、いまもそうだからなのである。

いま世の中は、他人と会わず、
オンラインで言葉を交わすほうへどんどん進んでいる。

では、そんな世の中が素晴らしいかと言われたら、そんなわけはない。

わたしたちは、会いたいのだ。
いま、その意味を、考えるいい機会だと、わたしは思う。

ダイアローグ5

# 「失敗談を聞かせてください」

《田中泰延×今野良介》

**今野良介**　いやあ、会えないですね。

**田中泰延**　会えんですわね。

**今野**　『会って、話すこと。』っていう本なんですけどね、このまま会えずに完成させなきゃいけないんですかね。

**田中**　ねえ。

**今野**　距離感の話を読んで思ったことがありましてね。

**田中**　なんでしょう。

**今野**　人間関係の悩みのほとんどが距離感を間違えることから生まれるってのは、よくわかるんです。でも、それに気づくには経験が必要でしょう。「自分は人との距離の取り方がおかしい」と自覚できなかったら、おかしいままだと思うんですよ。

**田中**　そうですね。

**今野**　田中さんも偉そうなこと言ってますけど、失敗したことだってあるでしょう。

**田中**　あるに決まってるでしょう。ありまくりや。

**今野**　それを教えてください。そうじゃなかったら、今も距離の取り方に苦しんでる人に伝わらないと思います。

**田中**　まるで編集者みたいなこと言いますね。

**今野**　わたしはこの本の編集者です。

**田中**　そうでした。わたしが20代の頃の話です。

**今野**　おお、30年前ですね。

**田中**　ある初対面の女性と話していた時に

**今野**　ほう！　女性と！　しかも初対面。

**田中**　話の流れの中でふと

**今野**　話の流れで、ふと。

**田中**　やかましいわ。

**今野**　すみません、つい。ほんとに興味あるんで。どうぞ。

**田中**　わたしは彼女に「結婚されてるんですか？」と聞きました。

**今野**　最悪だ。

**田中**　……黙れと言うとるに。

**今野**　申し訳ありません。

**田中**　そしたら、相手の女性は間髪入れず「それを聞いてどうなさるの」と言いました。ピシャッと。瞬間的に、やってしまったと思いました。完全に間違えたなと。「聞いてどうなさるの」というのは「それはあなたに関係のないことでしょ」です。わたしがいきなり距離を詰めて、それを拒否されたということです。

**今野**　そうですね。その女性は、拒否を明確に伝えたんですね。

**田中**　ショックでした。でも、ものすごくありがたかった。今野さんから聞かれて即答できるほど、今でも鮮明に覚えていますから。

**今野**　なるほどなあ……。たしかに、距離感の問題の多くは、広げることよりも、詰めることで起きますよね。

**田中**　そう言う今野さんにもあるわけですね。苦い経験が。

**今野**　ありまくりです。

**田中**　聞こうか。

**今野**　偉そうだな。わたしが就活をしていた頃に、ある定食屋に入ったんです。

**田中**　就活中に。定食屋ですか。何定食ですか。

**今野**　そこにたまたま、当時のサッカー日本代表の選手がいたんです。

その人の家族と、マネージャーらしき人と一緒に。その時わたし新聞記者志望だったこともあって興奮して、声をかけました。

**田中** 最悪だ。

**今野** いきなり、日本代表の戦術についての質問を。

**田中** 聞いていられない。そんなダメな人だったとは。

**今野** 瞬間的に空気が変わりました。特にマネージャーの顔色がガラッと変わって。まずいと思った時にはもう遅かったです。その選手は人格者で、まあ一ファンに変な対応もしにくかったでしょうし、二言三言返してくれました。でも、マネージャーはものすごいオーラを放って、それ以上の会話を止めました。

**田中** プライベートですからね。

**今野** 忘れられないどころか、今でも思い出すと恥ずかしくて申し訳なくて、酸っぱいものが込み上げて吐きそうになります。

**田中** わたしの話の女性にしても、そのマネージャーにしても、それとなくやり過ごす選択肢もあったわけじゃないですか。でも、間合いを詰めた我々を明確に拒否してくれたから、今でもそれが残ってるわけですよね。

**今野** 本当にそう思います。宝物のような経験でした。

**田中** 失敗は大切ですね。

**今野** ときに、田中さん、もうすぐこの本も終わりに近づいてきました。

**田中** ああ、そうですね。

**今野** まだ大半の原稿が届いていないのはどういうことですか。

**田中** 締め切りは相手の都合です。

**今野**　それ、いつもおっしゃいますね。
**田中**　事実やから。書けた時が、出せる時です。
**今野**　その通りです。
**田中**　お？
**今野**　「○月△日に絶対に原稿がなくてはいけない」と決めるのは編集者ですからね。
**田中**　この本をお読みになっているすべてのもの書きの皆さま。聞きましたか。締め切りは相手の都合です。編集者の都合です。
**今野**　それを二人の都合にするのが、わたしの仕事です。
**田中**　二人の都合。
**今野**　ここまでお話を伺ってきて、本というのも「二人の外部」にあるものだなと。

**田中** ああ。

**今野** 編集者だけの都合でもなく、著者だけの都合でもなく、本を出すことが二人の都合になった時に、本はできるのだろうなと。

**田中** 今野さん、大丈夫です。最後には必ずできています。

**今野** それでね、最後にもうひとつ聞きたい。

**田中** また朝ナマか。

**今野** 田中さんにとって、いい会話とはなんですか?

**田中** プロフェッショナル仕事の流儀か! いきなり局変わっとるやないか!

**今野** 話を終わらせるツッコミは日常会話に不要だと書いたくせに。

**田中** 終わらせたいんや! そんな雑な質問に答えとうないわ。散々書いてしゃべってきたやろ。

**今野**　答えてください。本に必要です。

**田中**　まったく……。これまでに書いてこなかったことを1つだけ言えば、会話には「客観性」が不可欠だということです。

**今野**　どういうことでしょう？

**田中**　これは、この本の最初に書いた大阪人の会話に欠かせない視点ですが、わたしはいつも、そばにギャラリーがいるつもりで話をしています。今、わたしと今野さんが二人で話していて、他にだれもいないわけですが、それでも、第三者が見ているつもりで、我々を映しているカメラが設置されているつもりで話すんです。

**今野**　なんでそんなことを？

**田中**　第4章で述べた「自分ができるだけ機嫌よくある」ための訓練になるからです。みんなが見ていると思ったら、カッコ悪いことができなくなるからです。少なくとも、自分の状態を一度立ち止まって見つめ直してから、相手に言葉を発することになるからです。

**今野** それ、二人の間に「外部」をつくる話につながりそうですね。

**田中** そうです。外部の視点を設けるんです。それと、客観性がある話には、救いがあります。

**今野** と、言うと？

**田中** たとえばね、今野さんが浮気をして会社のお金を横領して捕まってパートナーに愛想を尽かされて、詐欺に引っかかって借金まみれになって路頭に迷ってわたしのところに来たとしますね。

**今野** 想像したくないわ。

**田中** その時に、辛すぎる一連の流れを克明に深刻に伝えられて頭抱えて落ち込まれても、わたしは聞いていられなくなってしまうだろうし、何より今野さんが辛いと思うんです。

**今野**　まあ、はい。

**田中**　だから、「……ってなことがありましてな」というスタンスでいることです。

**今野**　ってなことがありましてな。

**田中**　つまり、辛かった場面を客観的に描写することで、相手は話を聞きやすくなるし、何より自分自身が少し救われるんです。辛いことをおもしろおかしく伝える技術って、生きる上でとても大切だと思います。

**今野**　ああ、そうですね。人生には辛いことばかりですからね。

**田中**　それともうひとつ、わたしが好きな話があります。

**今野**　はい。

**田中**　わたしのある知り合いは、絶望的なこととか、自分が不機嫌になりそうになった時に、次元大介になりきるんだそうです。

**今野**　え？　次元って、あのルパンの？

**田中**　はい。次元が窮地に立たされた時に言うセリフに「おもしろくなってきやがったぜ」ってのがあります。あれを言うんだと。

**今野**　家族に愛想尽かされて借金まみれになった時に「おもしろくなってきやがったぜ」。

**田中**　そうです。そうすると、絶望的な状況から、なんとか活路を見出す「構え」を取れる。

**今野**　おまじないみたいですね。

**田中**　自分で自分の機嫌をとるための、賢い方法だと思います。

**今野**　なるほど。

**田中**　いつも心に客観性と次元大介を。それがわたしの流儀です。

**今野**　ありがとうございました。……そろそろお時間ですね。

**田中**　これで最後ですかね？

**今野**　まあ、『会って、話すこと。』なんでね。最後は会って話したいところですけどね。

**田中**　まあ、流れに任せましょう。

**今野**　はい。それでは。

なぜわたしたちは、会って話をするのか？ その1

# オンラインはなにがダメなのか

先日、オンラインでセミナーに参加していたら、講師が驚くべきことを言った。

「世の中、オンライン時代です。今日もみなさんこうしてパソコンを通じて話し合っています。でも、結局【絶対に会って話をしないとまずい】という人にはなんとしてでも会っていませんか？　つまり、オンライン時代というのは、人間が他人を区別していることがはっきりした時代なんですよ」

そんなことをオンラインで言われてもドキッとしてしまうが、zoom、Skype、Facebook Messenger、Google Meet、Microsoft Teamsなど、世界を疫病が覆って以来、わたしたちの会話はデジタルになった。

本書も社会情勢に鑑みて今野良介とオンラインで対話を試みた部分もあるが、気心が知れた仲でも、なかなかに難しかった。気心が知れていない可能性もある。

**オンラインのダメさというのは、「身体がない」ということに尽きる。**リアルでは、向かい合う人間が時間と空間を共有し、目線、表情、反応、間合い、タイミング、チャチャ入れ、ヤジ、無駄話、そういうものがタイムラグなしの情報として存在し、わたしたちはリアルタイムでそれに反応する。

それに対してオンライン会議では、そもそもなにかの「アジェンダ」を進行・解決する場として設けられることが多く、上記のように臨機応変に話が変化していくのではなく、「もはや異論のないこと」を確認する場になりがちだ。会って顔を見て頼み込みたいことも人間にはあるが、オンラインではやりにくい。

そんなタイムラグやコミュニケーションにロスのある環境では「ボケること」は非常に難しい。ちょっとした冗談を挟もうとして、聞き取りにくくてもう1度言わされるのはつらい。また、なぜかオンラインでは、「自分の顔」を画面に表示する設定が基本になっている場合が多い。有史以来、人間が自分の顔を見ながら他人に話しかけることがあっただろうか。それもまた、妙な自意識につながって、話しにくい原因のひとつだ。かといって相手の顔だけ表示する設定にすると、オンラインでは意外と不安になる。

また自宅からのオンライン参加だと、画面に写っている範囲だけちゃんとしていればいいので、上半身はちゃんとしていても、下半身は寝間着だか部屋着だかわからないものを着ていることも多い。面従腹背という言葉があるが、これでは**上半身従下半身背**だ。自分で何言ってるかわからない。

コミュニケーションで生じる感覚が、だいぶ違うのである。それは電子書籍と、手触りを感じながら自分でめくる紙の本の違いと似ているかもしれない。この本をいま電子書籍で読んでくださっている人もいるかもしれないが、できれば紙の本も買って、違いを確かめてみるといい。逆に紙の本で読んでくださっている人は電子書籍もお買い求めください。

本書の題名は、『会って、話すこと。』である。人は、人と会いたい。人間は、対面したときに生じる「自分と相手の間に生まれる何か」を感じたいのである。

なぜわたしたちは、会って話をするのか？　その2

# 「書く」より先に「話す」があった

わたしは長年、コピーライターという職業についていた。「うまいこと言う」仕事だとよく言われるし、思われている。だが、うまいことというのはうまくないのだ。下手に言うのも、もしくは黙ることもじつはコピーなのだ。日常を思い出してほしい。「あんた、うまいこと言うね」などというやりとりはだいたい悲しい。

本書では、「相手の話を聞かなくてはならない」「相手に自分の話を聞かせなくてはならない」、まずこの2つの考えを捨てたら楽になると述べてきた。

とはいえ口を開く以上は、何を言うか、どう返すかで人生は決まるとも述べた。だが、もっと重要なことがある。それは**なにを言わな**

**いか**、である。

人間社会は「ことば」で成り立っているし、「ことば」によって政治や経済や、文化が生まれてきたのは間違いない。本書でも、口を開く以上は何を言うか、どう返すかで人生は決まるとも述べた。ことばを有効に使ったものが権力や資本を手にする。それは現実だ。さらにそれは「書く」ことで文字になり、記録となり、典拠となった。

しかし、ことばというのは、ある種のフィクションでもある。わたしたちは、言語を操るホモ・サピエンスである前に動物である。わたしたちが、ある人間に感じる人間らしさや、愛情の本質は、じつは沈黙にあるのだ。沈黙する肉体のなかで、人間の真の価値が育まれると言っていい。沈思黙考という四字熟語がある。よく見てほしい、真の**思考とは、沈黙とワンセット**なのである。孔子は「怪力乱神を語らず」と言った。無理に論じたり言葉にしなくてもいいものもある。

「考える」と「想う」の違いを知っているだろうか。「考える」は脳の仕事だ。計算したり、悩んだりすること。対して「想う」は心の仕事だ。胸に描いたり、願いを込めること。「予算を考える」とは言っても「予算を想う」とは言わない。

好きな人のことは、考えずに、想うものだ。「恋人のことを想う」時、わたしたちは沈黙のうちに愛のイメージを胸に描く。「恋人のことを考える」というと、なにやら別れ話の気配がしてくる。

書くより先に、話すがある。話すより先に、考えるがある。考えるより先に、想うがある。言葉の前に、身体がある。

あたかもまるで会話術の本のような体裁なので、何かのテクニックが書いてあるはずだと本書を手に取ってくださった方には申し訳ないが、そんなものはない。

**黙って想い、考えたすえ、どうしてもこぼれ落ち、相手に伝わることばが「話す」である。**そのことばがあなたの人間性であり、そのもっと後には「書く」がある。

「書く」については本書の姉妹篇たる『読みたいことを、書けばいい。』をお勧めしろとダイヤモンド社に指示されたので沈黙せずに言っておきたい。

なぜわたしたちは、会って話をするのか？　その3

# 「出会い」とは「仕入れ」が他人と響き合った時

出会いがあり、会話が生まれる。そして会話のなかから真の出会いが生まれる。

わたしと、ある友人の出会いの話をしよう。

彼は写真家だった。広告制作者として彼に仕事を依頼したのだが、初めて出会った時、彼はわたしに心を開いてくれなかった。ほとんど会話もなく撮影作業が終わり、わたしは彼に「撮影した画像をデジタルデータで送ってくれ」と言った。

すると写真家は激怒した。

「デジタルデータ？　そんなものは渡せません。それはただのデータです。それはあなたが今言ったように【画像】です。僕が選んで、印画紙に焼いたものだけが【写真】です。それだけが人間の記憶に残るんです」

わたしはその時「写真、記憶……。ああ、デッカード」と言った。

その言葉を聞いて彼は急に怒りを解き、

「デッカード！　そうだよ!!　ブレードランナーのデッカードの話を僕はしたんだ。あなたとは、ずっとこれから仕事をしよう」

と言った。

1982年のリドリー・スコット監督の映画『ブレードランナー』で、ハリソン・フォードが演じるデッカードは、映画の中では定かではないが、レプリカントと呼ばれる人造人間である可能性がある主人公だった。デッカードは古い家族の写真をピアノの上に飾っている。本物の記憶なのかどうかも映画の中では定かではないが、印画紙に焼かれた写真が人間の記憶に直結していることを表すシーンだった。

その日から10年間、わたしたちは果てしなく言葉を交わし、行動をともにした。写真家はその後、鬼籍に入ってしまった。名前は、宮本敬文という。もう会えないが、その日以来、いまでも大切な友人である。

異性間の付き合いでも結婚でも、友人ができるのでも、それ以外でも「人と人がつながること」すべてに共通するのは、なにかの「仕入れ」だ。別に何かの役に立てようと知識や経験を仕入れるのではない。それが偶然、何年後か、何十年後かに他人と響き合ったときが「出会い」なのではないだろうか。人生はそんな奇跡でできているのではないかと思う。

本書の第1章でわたしは、「会話のベースは知識にある」と書いた。知っていることを言う、当意即妙に切り返す、それは楽しい会話の原料であり、人が人に好意を持つきっかけではあるが、もっと深いところで人間が人間とつながる理由は、**何の役に立つかわからないが抱えていた知識だ**。自分自身の遠い記憶であったり、自分が心から好きななにかであったり、そんな遠い日の「仕入れ」がだれかの記憶と響きあうことなのだ。

なぜわたしたちは、会って話をするのか？　その4

# 吐露ということ

迷惑な自分語りもしないし、根掘り葉掘り相手に質問もしない。本書ではそんな会話術を説明してきたつもりだ。

だが、目の前の相手がいっしょに見た何かを媒介に、その人だけが持つ想い出を、感慨を、ふっと「吐露」する時がある。

少々芝居がかった表記で恐縮だが、こういうことだ。

「あのさ、おれ、小学校の時に……あ、こんな話聞きたくないよね」

「ううん。そんなことない。聞きたい。話して」

いま、書きながら声を出して一人二役してしまった。特に女性の声で返事したところがスタバ中のお客さんに聞こえたのではないだろうか。

自分のことだけ話し続ける人にうんざりすることはある。でも何かの予感で、一晩中頷きながら聞いてあげた。すると次会った時、その人は自分の話を一切せずに、今日見た雲の形や、空の色の話をしてくれるようになった。魔法のように。もし予感があれば、そんな夜を一度だけ越えることが人と人の「邂逅」なのではないだろうか。

わたしたちはわかりあうことはできない。だが、感じあうことはできる。

安っぽい共感ではない。憐憫でもない、説教でもない、哀れみでも上から目線でもない。突き詰めたら、わからない。他人のことはわからないのだ。だが、しかし、そこにいっしょにいるということ、時間と空間を共有することに意味がある。

あなたの目の前の人には、その人だけの思い出がある、そしてなによりその人がこの世界の中で経た「時間」がある。

そのことばを聞いた時、いままで人生で出会わなかった共感を得た時、目の前にいる人間を、世界の一部、自然の一部として捉えることができた時、私たちはともに自然の一部となって生きることができる。

そしてそれは**「わたしたちが別々に生まれてきた」**ということの意味を知る瞬間ではないのだろうか。

吐露したあなたは、あなた自身の輪郭を発見する。吐露を受け止めたわたしは、わたし自身の輪郭を発見する。

別々に生まれたという冷徹で険しい真実を確認し合うからこそ、人間は初めて「他者」と出会い、共感し、連帯できる可能性を見出すのではないか。

その時はじめて、向かい合っていた視線は同じ彼方を見ることができる。人間は会話によって風景を発見するのだ。これこそが会話がたどりつく約束の地なのではないか。
その瞬間、人間は人間に本当の敬意を抱くことができる、わたしは
そう思う。

なぜわたしたちは、会って話をするのか？　その5

# 違う人と、同じものを見る

いよいよ最後の話になる。

この本は、他人と会話を重ねる中で、

**・自分のことをわかってもらおうとして苦しんでいる人**
**・他人のことをわかろうとして苦しんでいる人**

こんな思いをしている人に楽になってもらいたい、その一心で書かれた。

だが、あなたはとるに足らない人間だ、大したことないのだからどうせ相手にされない、興味も持たれない、他人のことも結局理解できない、だから人と関わりを絶て。世界よ滅びろ。そんなことを言いたいのではない。引きこもれとも書いていない。いま念のために確認したら書いてなかった。

よくよく考えると、だれも自分に興味はない。よくよく考えると、自分も他人の人生に関係ない。他人と自分は、違う。そんな世界の険しい現実を突き詰めた時こそ、人は「風景」を発見するのだ。それを一緒に眺めた時、本当の友達ができるのではないだろうか。

「風景」とはなんだろう。

最後の最後に、大事なことを言いたい。本だから、だれも止めるものがないので言える。

それは、**他人と話す前に、「自分と話せ」**ということだ。まず、自分自身が自分と楽しく会話できなければ、他者と会話することはできない。

キャンプに行ったときのことを考えてみよう。川が流れていて、星が光っていて、焚き火が燃えている。それを感じている自分の身体には言葉は必要ない。自分が消える。じつに、人間というものは、悩んでいる自己、鬱陶しい自我、自分自身が嫌いな自分が消える瞬間が幸せなのだ。そのとき見ているものが、風景なのだ。

一人旅をした時のことを思い出そう。知らない国で夜明けを待った朝。真っ暗な道を歩いて未知の街の灯りが見えた夜。一人旅は、不安な自分がもうひとりの自分と話し合う時間でできている。そのとき見えているものが、風景なのだ。

人は、自分と会話する。過去と会話する。死者と会話する。書物と会話する。

人と人が、会って話すことの究極は、一緒に旅をすることだ。二人は常に新しいものを見る。次々と経験したことのないことが起こる。身の上話や、悩み相談などしている暇はない。そこには「外部」しかない。他人と会って会話する時間は、じつに「人生を共に旅する」ことではないのか。

「教養のある人物」をわたしなりに定義すると、向かい合った時に「私は何も知らない。世界はこんなにも広くてわからないです。そして我々は最後は死んじゃいます。なので今、少し笑いましょう」と感じさせてくれる人ではないだろうか。

山の向こうにはこんな世界があったよと教えてくれる人。山の向こうにはこんな世界があるだろうと考えてくれる人。山の向こうはどんな世界なんだろうねと一緒に不思議がってくれる人。

自分以外のだれかに、敬意を持つこと。尊重すること。自分を取り巻く世界に、畏怖を抱くこと。偉大だと感じること。だれかと会って、話すこと。だれかと近づくこと。だれかを愛すること。意外や意外、ボケ倒して相手を呆れさせることだって、風景を発見する旅の入り口なのだ。

自分と相手の間にある孤独。それを認めたときに会話ははじまる。違う人と、同じものを見た時、二人のあいだに、なにかが生まれる。相手のことでもなく、自分のことでもない。真空のような孤独でもない。いまこそ二人は、上を向いて話そう。あさっての方角を見て笑おう。

第5章　なぜわたしたちは、会って話をするのか？

ダイアローグ6

# 「また会いましょう」

《田中泰延×今野良介》

**今野**　田中さん。

**田中**　はい。

**今野**　まだ、来ないですね。原稿。

**田中**　はい。

**今野**　絶望しました。

**田中**　……はい。申し訳ありません。

**今野**　いえ、そうではないんです。

**田中**　なんですか。お金ですか。手切れ金ですか。

**今野**　期限通りに原稿が来ると信じることに絶望しました。自分の思い通りに田中さんを動かそうとすること自体が、間違っていたんです。

**田中**　いや、わたしも書こうとしているんです。もう、今野さんが前回おっしゃった「二人の都合」になっているはずなんです。でもどうしても書けなくて。自分に絶望しています。

**今野**　いえ、書けなかったらこの本が出ないというだけで、別に命に関わるようなことではないし、それはもういいんです。

**田中**　……。

**今野**　それよりも、わたしはなぜ、今も原稿を待っているのかということが不思議になってきたんです。原稿が来ることにはもう絶望しているのに、わたしは何を信じて待っているのかと。

**田中**　……それは酷やわ。ワシ何も言うことない。

**今野**　いえ、責めるつもりはないです。本当に。これは会話の話です。わたしと田中さんはまったく別の人間で、思い通りに動かすことなどできないことが嫌というほどわかった。それなのに、なぜコミュニケーションを絶たずにいるのか、という話です。

**田中**　……。

**今野**　わたしと田中さんは違う人間だが、「共通の外部」がある。『読みたいことを、書けばいい。』という本をつくったことです。できた本は、著者と編集者にとって、この上なく確かな外部です。

**田中**　……。

**今野**　わたしと田中さんの間には、あの本と、本にまつわるたくさんの出来事や風景があります。推して売ってくださった書店員さん、SNSで感想を投稿してくれたり、イベントに参加してしゃべりかけてくれた読者のみなさん。イベントが終わって飲んだ酒、焼肉、喫茶店。収録スタジオの匂いとか、無言で過ごしたカウンターとか、そういう無数の思い出があります。

**田中**　……。

**今野**　わたしが信じているのは、田中さんじゃないです。わたしと田中さんの間に、忘れがたい大切な風景や人物や出来事があることが、わたしに原稿を待たせるのだと思ったんです。

**田中**　……今野さん。

**今野**　寝てるのかと思いました。

**田中**　わたしの原稿がまだ書き上がっていないことをスカイツリーくらいの高さの棚に上げて言うとですね、会話というのは、本当は、絶望してから始まるんじゃないかなと思っているんです。

**今野**　ほう。

**田中**　会って、うまく言葉を交わせば、相手を思い通りに動かせる。仲良くなれる。いつか心は通じ合う。わかり合える。そう願うことが悪いことだと言いたいわけではないです。でも、違う。違う。そうじや、そうじゃない。やっぱり自分はひとりで、どこまで近づけた気になっても違う人間で、いくら言葉を交わしてもわかり合えない。長年連れ添ったパートナーが別れてしまうことだってあるんです。そういうことを経験して、他人と関わることに絶望して、それでも他人と関わりながら生きていくことを引き受けた後で見えてくるものが、わたしとあなたの間にある風景だと思うんです。

**今野**　はい。でもね、誰だって、はなから絶望したいわけじゃないでしょう。人とわかり合えたり、つながれることに希望を持っていたいでしょう。自分から絶望しにいくのも、違うでしょう。

**田中**　もちろんです。自分から絶望しにいくのはポーズですから。わたしだってほんとうに原稿書きたい。

**今野**　それはもういいって。

**田中**　希望を持って、それでも絶望した果てに、人と会って話すことで見えた風景は、生きる光明になりうるはずです。

**今野**　田中さん、わたしは文学部出身です。

**田中**　ワシもや。同窓やろがい。

**今野**　太宰治にしても、カフカにしても、村田沙耶香にしても、松浦理英子にしても、絶望的な小説というのがあります。

**田中**　はい。

**今野**　別に小説でなくても、映画だって詩だって絵画だって音楽だって、絶望を描いた作品がたくさんあります。わたしはそういう作品に触れると、なんというか、救われた気がしてきました。田中さんはわたしよりもずっとたくさんの作品に触れているはずです。あの感覚の理由は何なのでしょうね。

**田中**　最近だと、燃え殻という人がそういう小説を書きますね。それはきっと、自分の代わりに絶望してくれるからでしょう。

**今野**　ああ。

**田中**　意図的に絶望から希望を見出すでもなく、どこにもプラスのベクトルが見出せない作品というのは、そういう作品が生み出されたこと自体が救いになり得ると思うんです。

**今野**　そうですね。事実は小説よりも奇なりとか言いますが、現実の世界でも、絶望することはたくさんあります。

**田中**　いや絶望だらけでしょう。ましてや今、この感染症に覆われた世界は完全に絶望でしょう。悲劇以外の何物でもないでしょう。

**今野**　世界史の教科書に載る時代を生きていると感じます。

**田中**　天然痘やペストや梅毒やスペインかぜに見舞われたかつての

人々も、きっと絶望におののいたでしょう。それでも何らかの希望を見出して生き延びてきたはずです。そういう絶望の最小単位が、人と人との会話にはあると思うんです。

**今野**　田中さん、この本は、『会って、話すこと。』です。

**田中**　はい。

**今野**　今、この本をつくっている世界は、「会って話すこと」について言えば、絶望的です。物理的に近づけない。

**田中**　ほんとうに。

**今野**　自分から絶望しに行ってるわけでもなくて、誰ひとり望んでいなかった事態ですが、それは、会話において誰もが「絶望できる状況」でもあるのではないですか。

**田中**　絶望しすぎて疲れています。

**今野**　いつか、マスクを外して人と会える時がきたら、「会って話すこと」は、どうなっていますかね。希望を見出せるものになっていますかね。

**田中**　そう信じたい。

**今野**　田中さん、これで、ほんとうに最後になります。

**田中**　ですね。

**今野**　最後に、ひとつ聞きたい。

**田中**　何回めや。

**今野**　この本ができた今、どんなお気持ちですか？

**田中**　勝利者インタビューみたいな雑な質問きた。そもそもまだ書けてないんや。

**今野**　じゃあ、もしこの本ができたら、どうしたいですか？

**田中**　それはやっぱり、会って話したいですよ。人と。「落ち着いたら飲みましょう」って何人と約束したか数えきれないもん。そして、この本を読んでくれた人と、会って話がしたいですね。

**今野**　そうですね。

**田中**　日本全国どこでもいきたい。

**今野**　行ってらっしゃい。

**田中**　あんたも来るんや。

**今野**　行けたら行く。

**田中**　来れたら来い。

**今野**　では、原稿がんばってください。

**田中**　書けたら書く。

**今野**　ありがとうございました。

**田中** こちらこそ、ありがとうございました。

**今野** また、会いましょう。

**田中** また会いましょう。

# おわりに
# 廃れない本
《今野良介》

まえがきに書いたことに、もうひとつ付け加えます。編集者が恐れることのひとつに「内容の陳腐化」があります。本をつくるなら、できる限り永く市場で生き延びてほしいから、時間が経って、内容が時代にそぐわないものになってしまうことを恐れます。時の流れに耐えうるものにしたいと願って私は本をつくっています。

ただし、その可能性が高くなるとしても、どうしても入れたい情報があります。それが今回は感染症の話でした。制作開始当初は、入れるまい、入れてたまるかとすら思っていました。しかし、状況がどんどん悪化し続けるさなかに出版することとなり、無視するどころか、触れずにつくることができなくなりました。

だから、この本は、「会って話すとはどういうことか」を問うなかに、会えない絶望と、会って話したいという欲望を色濃く帯びた本になっていると思います。

この本が廃れない本であってほしいと願うよりも強く、人と会って話したいという欲望そのものが、わたしの中で、この本を読んでくださったあなたの中で、廃れないことを祈ります。

## 「わたし」と「あなた」の間に「風景」がある

《田中泰延》

はっきり書くのだが、わたしは当初、この本をつくることを舐めていた。今野良介がわたしの「話し方」をおもしろいと思い、文章術のつぎは会話術の本をつくりたいと言ってきたので、（そうか、わたしの会話がおもしろいというのだから、わたしは好きに喋っていれば一冊本ができて販売されてわたしにお金が入るのだろう）と考えていた。やったぁ。

口述筆記の本だろうか。楽でいいな。いろんな人と対談した記録があるので、それを勝手に書き起こしてピックアップしてもらい、

【ココがポイント!】みたいにつくってもらえるのだろうか。楽でいいな。最終的には今野さんと2人、飲み屋で好きに盛り上がってそれも文字に起こして一丁上がりなんでしょ、だったら共著でしょ、共著なら労力は半分でしょ、と見せかけてじつはなんにもしなくてもいいんでしょ、ウイスキーはお酒でしょ、と思っていたのだ。

しかしそれは甘かった。カルピスの原液を一気飲みするより甘かった。喉が痒くなるくらい甘かった。なんとなく自動的に本ができると能天気に構えている間に、世界は一変してしまった。人と会って話す回数は激減した。どうしても会わなくてはいけない場合でも、お互いにマスク越しの表情の読み取りに苦しみ、会見は短時間で切り上げなくてはならない世の中になってしまった。

さらに追い討ちをかけるように、すべての打ち合わせも、対談も、オンラインでパソコンの画面越しに遂行しましょう、家に閉じこもっていてもいいですね、交通費もかかりませんね、対談のギャラも安くていいですね、そのあとの打ち上げで飲み屋に行く交際費もいりませんね、最高ですね、という風潮ができあがってしまった。

とうぜん、今野良介とも簡単には会えない。そんな中で会話の本などできるのか。そもそも、そんな社会に対して会話術の話は有効なのか。オンライン会議では、時候の挨拶も、今日の天気の話題もなく、冗談もなく、いきなり当日のアジェンダが話し合われる。ディスプレイの中、数センチ四方に表示された相手の顔。そしてなぜか表示される「話している自分の顔」。まるで人間が機械の一部になってしまったかのような気さえした。もう日常会話は不要。人間は生産性を高めるためだけにコミュニケーションしていればいい。そんな世界がわたしを覆い、この本の執筆は遅れに遅れた。モチベーションが湧かないのである。

だが、その奥でひそかに、わたしの「会って話すこと」への欲望は高まっていった。人と人の関係をつくるのは、放たれた言葉である。もしくは、あえて放たれなかった言葉である。パソコンで遂行するアジェンダには、黙るということがない。話さないことと、話すこと、そのときのお互いの視線、ためらい、勇気、向かい合うこと、向かい合わずに窓の外を一緒に見ること、そして共感と笑顔が、2人の間になにかをつくる。わたしは、いまいちど、自分がどのように人と向かい合っているか、そして向かい合わないかを検証して書いてみよう、とても時間はかかったが、そう考えたのだ。

その検証は、このまま不自由な世界が続くとしても、この災厄がいつか終わるにしても、いま、コミュニケーションになんらかの不自由を感じているだれかの役に立つかもしれない。話すことは相手を問い詰めることでも、自分を押し付けることでもない。それは「わたし」と「あなた」が別々に生まれてきて、別の個体として、なぜかいま、同じ時間と空間にいる意味を問い直す行為ではないだろうか。

会話とは、会って、話すことだ。漢字でそう書いてある。その時、「わたし」を知ってもらわなくてもいい。「あなた」のことも説明してくれなくてもいい。話す「わたし」と「あなた」の間に、意味がないことでもいい、意味があることでもいい、「なにか」が「発見」され、「なにか」が「発生」する。その「なにか」こそ、人間の向こうにある「風景」であり、それを共に見たことが人生の記憶になる。だから人は、会って話すのではないだろうか。

最後になるが、本書の編集者であり、ここまでお読みくださった方はおわかりだと思うが実質の共著者である今野良介氏に礼を述べたい。彼は世界がどんどん逆境へ傾く中、本書の実現に向けて粘り強く戦ってくださった。金欲しさとはいえ今野さんは前著に引き続き本書の題名を考えてくださり、構成をつくってくださり、原稿を寄せてくださり、対談を繰り返してくださりなんで全部やってくれなかったんや。

本書は、田中泰延と今野良介の共著でクレジットするつもりだったが、最終的にわたしの金欲しさゆえに田中泰延の単著としたことをお詫びしたい。彼とは最終的に法廷で決着をつけたいと思う。

そして前作に続き、素晴らしいブックデザインを施してくださった杉山健太郎さん。「この本の装幀、『読みたいことを、書けばいい。』と見分けがつかないじゃないですか⁉」とメールしてすみません。わたしがモノクロのデータを見たからでした。オレンジみたいな色だったんですね。いい加減そろそろカラーで見える携帯電話買います。

勝手に本文中で名前を出してコラムにした浅生鴨さん、岸本高由さん、びっくりされたと思います。これ見たらご連絡ください。

本書を作っているあいだ、わたしは並行して自分の会社「ひろのぶと株式会社」を創業する運びとなったが、共同創業者・取締役としてわたしを支え、本書の制作にも絶え間ない励ましをくれた加藤順彦氏、そして創業時の株主になってくださり本書の刊行に期待を寄せてくださった皆様、事務所開きの日にお祝いに駆けつけてくださった仲間たちに心より御礼申し上げます。

本書の帯に身に余る素晴らしいお言葉を寄せてくださった林修先生、我がOT師匠こと奥田民生さん、ほんとうに光栄です。ありがとうございます。

本書が、だれかとだれかの会話のきっかけになってくれたら、それ以上のことはない。あなたはきっと、だれかと「会って、話す」ことで幸せになれる。知らんけど。

［著者］

**田中泰延**（たなか・ひろのぶ）

1969年大阪生まれ。早稲田大学第二文学部卒。学生時代から6000冊以上の本を乱読。

1993年株式会社 電通入社。24年間コピーライター・CMプランナーとして活動。

2016年退職、「青年失業家」と称し、インターネット上で執筆活動を開始。Webサイト『街角のクリエイティブ』に連載する映画評「田中泰延のエンタメ新党」が累計500万PV超の人気コラムになる。その他、奈良県、滋賀県、広島県、栃木県などの地方自治体と提携したPRコラム、写真メディア『SEIN』などで連載記事を執筆。映画・文学・哲学・音楽・写真など硬軟幅広いテーマの文章で読者の支持を得る。

2019年、ダイヤモンド社より初の著書『読みたいことを、書けばいい。人生が変わるシンプルな文章術』を刊行。

2020年、出版社・ひろのぶと株式会社を創業。

Twitter：@hironobutnk


## 会って、話すこと。

――自分のことはしゃべらない。相手のことも聞き出さない。人生が変わるシンプルな会話術

2021年9月14日　第1刷発行
2021年10月5日　第2刷発行

著　者――田中泰延
発行所――ダイヤモンド社
〒150-8409　東京都渋谷区神宮前6-12-17
https://www.diamond.co.jp/
電話／03･5778･7233（編集）　03･5778･7240（販売）

ブックデザイン―杉山健太郎
本文DTP――一企画
写真―――山田恵子
校正―――加藤義廣（小柳商店）・officeあんだんて
製作進行――ダイヤモンド・グラフィック社
印刷―――勇進印刷
製本―――ブックアート
編集担当――今野良介




ISBN 978-4-478-11262-5